여행,
나의 구루

여행,
나의 구루

2020년 7월 6일 초판 1쇄 인쇄
2020년 7월 13일 초판 1쇄 발행

지 은 이 | 전성표
펴 낸 이 | 김영호
펴 낸 곳 | 도서출판 동연
등   록 | 제1-1383호(1992. 6. 12)
주   소 | 서울시 마포구 월드컵로 163-3
전   화 | (02)335-2630
전   송 | (02)335-2640
이 메 일 | yh4321@gmail.com

Copyright ⓒ 전성표, 2020

ISBN 978-89-6447-594-2 03040

여행,
나의 구루

전성표 지음

동연

내 인생 중반, 잘한 일은 두 번 안식년을 가진 것입니다. 첫 안식년에는 가족 모두가 홍콩, 마카오, 네팔, 인도, 태국을 여행했습니다. 총 20개 정도 도시를 방문했습니다. 5개월 여정 중 4개월 정도는 인도에 머물렀습니다.

출국 하루 전 아래와 같은 글을 남겼습니다.

나는 꿈을 꾼다.
한 번쯤 배낭을 메고
말이 통하지 않는 이방의 거리를
샌들을 신고 하염없이 걷고 싶다는 생각을.

그러다 지쳐 노천카페에 앉아 카푸치노를 마시고
다시 지도를 펴고 목적지를 정하는 그런 꿈.

그것이 인디아이건, 유럽이건, 미국이건, 호주이건 그 어느 나라라도 좋다.
더워도 좋고 추워도 좋다.

난 그러고 싶었다. 여행 중독자도, 돈이 많은 사람도 아니지만,
난 그러고 싶었다.

말이 통하지 않는 이방의 거리를 걷는다는 것이 그리 낭만적인 것이 아니며
게스트하우스 주인과 짜증 섞인 흥정을 해야 하고
행여나 여권이나 돈을 잃어버릴까 봐
조국에서보다 훨씬 더 많은 에너지가 쓰여 쉬 피로해지지만
배낭을 메고 슬리퍼를 신고 지도를 들고 이방의 거리를 두리번거리며 걷다가
길가 카페에서 차를 마시는 것은 내 로망이었다.

사람이 한 생을 살다가 여행할 곳이 두 곳 있는데
한 곳은 마음속, 내 내면이며
다른 한 곳은 대한민국 바깥, 나와 다른 언어를 사용하는 사람들이 사는 땅이다.
내면 여행에 필요한 무기는 명상이며(잘하지 못해도 좋다)
외부 여행에 필요한 무기는 영어이다(능숙하지 않아도 무방하다).
난 그렇게 믿는다.

나는 또 간다. 사랑하는 가족과.
돈과 카드를 도둑맞아 한 달 만에 돌아와도
위대한 구루를 만나 새로운 것을 깨달아도
산에서 굴러 다리가 부러져도

길가의 귀인을 만나 횡재를 해도

다 내 복이다.

후회 없다.

지금 이 순간이 내겐 너무 행복하다.

감사합니다.

사랑합니다.

나는 삶의 만족도가 높은 사람입니다. 그래서 욕구가 별로 없어요. 가족, 교회, 내 상태에 만족하며 사는 사람이거든요. 그리하여 무슨 일을 계획하며 한다는 것은 내게 맞지 않는 일이라 생각했어요. 그런데 몇 년 전에 하고 싶은 일이 생겼습니다. 처음에는 그것이 1인 방송이었으나 곧 편지쓰기로 바꾸었습니다. 그래서 편지를 써 보기로 했어요. 편지 제목은 '가까이 사는 사람'으로 정했어요.

이 글은 2014년부터 200명 내외 독자들에게 한 달에 두 번 부쳤던 (지금도 하고 있습니다) 글 중 여행에 관련된 것 일부를 모은 것입니다. 해외여행도 있고 국내여행도 있고 제가 직접 경험하지 않은 여행도 있고 마음 여행도 있고 '이게 여행기인가?' 싶은 것도 있습니다만 제가 생각하기에 여정이라고 여긴 것은 묶었습니다.

편지를 보내기 위해 글을 쓸 때마다 설레고 기쁘고 두렵고 행복했습니다. 여행을 통해 느꼈던 것들을 격주로 보낸 글을 모은 것이라 중복도 되고 일관성도 떨어지지만 제 글을 재미있게 읽어 준 분들에게 감사한 마음을 담아서 묶어 보았습니다.

원래 손글씨로 된 것인데 출판을 위해 타이핑 작업을 새로 했습니다. 그림을 다시 만져 준 아내에게 감사드립니다. 책으로 낼 수 있도록 후원해 주신

신 장로님 고맙습니다. 편집해 준 신 군에게 감사드립니다. 편집회의에 함께 해 주셨던 분들 그리고 독자들께 감사드립니다. 부모님께 감사드립니다. 편지를 쓰고 보낼 수 있도록 영감을 주신 북산 최완택 목사님께 감사드립니다. 여행을 갈 수 있도록 허락해주신 교우 여러분 고맙습니다.

지극히 우연히 만난 가장 아름다운 순간

고은경 디자인명작 대표

〈민들레교회이야기〉라는 편지의 힘

아무래도 〈민들레교회이야기〉부터 시작해야겠다. 내가 다닌 교회 이름은 민들레교회, 〈민들레교회이야기〉는 우리 교회에서 격주마다 펴낸 주보이자, 소식지였다. 1983년 2월부터 2014년 4월까지 31년 3개월에 걸쳐서 690호까지 나온 특이한 매체, 우리 교회 담임목사이셨던 북산(北山) 최완택 목사님께서 육필로 쓰신 편지, 그것이 바로 〈민들레교회이야기〉였다.

우리 교회는 예배 외에 아무런 프로그램이 없었다. 감리교단 소속인데, 교회 건물을 소유하지 않고 그 어떤 사업(프로그램)도 하지 않겠다는 목사님의 목회 철학이 지켜진 교회였다. 당시 2호선 구로공단역 근처 오래된 이발관과 장미다방이 있던 4층짜리 건물의 3층을 빌려 예배당으로 오랜 기간 사용하였다. 우리는 이곳에서 주일마다 모여 예배를 하고 〈민들레교회이야기〉 발송 작업을 하였다. 화요일과 수요일에는 성서공동연구모임이 열렸고, 그 시간에는 교단과 종교까지 망라하여 많은 사람들이 오고갔다. 특별히 수요일에 한 성서연구 기록은 녹취하여 〈민들레교회이야기〉에 연재하였다. 목사님의 탁월한 성서해석과 재미난 입담, 참여한 사람들의 이야기까지 생생하게 담겨 있는 기록물로 우리들 곁에 남았다. 이 기록 안에 나도 있고 전성표 목사도 있음은 물론이다. 우린 그렇게 민들레 수요성서연구모임을 통해서 만난 민들레식구였다.

500~800명 가까이 이르는 〈민들레교회이야기〉 독자들은 '민들레식구'라는 이름으로 불렸고, 어디에 있든 우리는 '식구' 공동체로 존재했다. 낯선 여행지에서도 민들레식구라고 하면 그 누구라도 반갑게 만났고, 어울려 숙식을 하고, 산행을 하고, 여행을 했다. 그 이름처럼 〈민들레교회이야기〉는 민들레씨앗이 되어 이 땅 곳곳으로, 또 이국땅으로까지 날아가 어딘가에는 뿌리를 내려 오래도록 꽃을 피웠고, 어딘가에는 바람에 날아가 흩어져 버렸지만 그 또한 민들레의 숙명이었다. 지금까지도 소중하고 귀하게 이어지고 있는 인연의 신비를 어떻게 설명할 수 있을까. 〈민들레교회이야기〉라는 편지의 힘은 그만큼 세다. 이 인연으로 만나게 된 분들 중에서 이현주 목사님, 권정생 선생님, 이오덕 선생님, 전우익 선생님, 이해인 수녀님 등등이 계시다. 이런 저명한 분들 외에 이름 없는 민들레식구들의 소소한 이야기가 준 감동은 형용할 길이 없는 아름다운 기록이다. 저마다의 추억이 되어 회자되고 있다.

작년에 북산 목사님께서 타계하셨고 편지도 멈췄지만, 민들레식구들의 인연은 계속 이어지고 있다. 저마다의 마음밭에 심겨진 이 편지가 민들레정신으로 되살아나 우정과 인연의 신비를 맛보게 한다. 올해 1주기를 맞이하며 추모집을 만들었는데, 많은 필자들이 〈민들레교회이야기〉를 통해 얻은 영향과 영감을 이야기하였다. 이 편지에 대한 기억과 추억은 세월이 아무리 흘러도 소중하고 아름다운 순간이 될 수밖에 없음을 확인한 시간이다.

행간 반 여운 반 〈가까이사는사람〉

〈가까이사는사람〉은 전성표 목사가 〈민들레교회이야기〉 오마주라고 밝히고 시작한 전성표식 편지다. 두 주에 한 번씩 꼭 약속을 지켜서 내는 것이 같고, 기계문명 시대에 손편지를 고수하는 것이 같고, 자기 나름대로의 성서 이야기를 하는 것도 같다. 북산 목사님의 산행 이야기 대신 자전거나 오토바이 여행 이야기도 같다고 치자. 〈민들레교회이야기〉는 독자들이 직접 쓴 글씨를 보내 와서 제호 타입이 자주 바뀌곤 했는데, 전성표 목사가 손수 그린 그림을 싣는 것과 매우 다르지만 독창성은 비슷하다고 치자(억지로). 직접 체험한 사실과 느낌을 진솔하게 표현하는 것 역시 북산 목사님과 다르지 않다. 명쾌한 어조와 명료한 서술, 정확한 전달을 위한 단어 및 문장력 구사 역시 북산 목사님과 유사하다.

〈가까이사는사람〉에서는 호흡이 짧은 글의 매력을 느낀다. 때때로 좀 더 이야기가 이어지면 좋을 텐데, 라는 생각이 들 때도 있지만 그는 여지를 두지 않는다. 짧은 호흡, 긴 여운에 독자는 이내 스며들고 만다. 편지를 다 읽고 나서 여운에 빠져 들게 되니 말이다.

나는 전성표식 글을 '행간 반 여운 반'이라 붙여 본다. 삐뚤삐뚤 글씨에 그림이 왕창 들어가고 행간이 널널하다. 문장 사이, 그림 사이에 펼쳐져 있는 여백이 여운으로 이어진다. 그것은 보이는 것이기도 하고 보이지 않는 것이기도 하다. 문장은 끝이 났고, 더 이상 이야기를 이어가지 않는데, 독자는 상상 속으로 들어간다. 상상은 독자의 몫이다. 최근호에 있었던 지리산 이야기가 그러했다.

글은 곧 그 사람이다. 빼뚤빼뚤해 보이는 글씨지만 그 속에 반듯하고 정직한 목회자 전성표가 들어 있다. 슥슥 쉬이 그린 듯한 펜 그림에서 글로 하지 못하는 촌철살인과 역설의 메시지를 읽는다. 차가운 듯, 촌스러운 듯, 무뎌 보이는 듯한 손글씨 편집에서 가슴이 따스한 전성표를 만난다. 길거리에서 죽어가는 고양이 새끼 한 마리를 끝내 지나치지 못하는 그의 모습과 닮아 있다. 작열하는 태양 사이로 자전거를 달려 사월 팽목항으로, 오월 광주로 향하는 열정의 그를 만난다. 매일 새벽 5시에 일어나 7시에는 교회에 도착, 읽고 쓰기로 주로 하루를 보낸다는 그의 일상은 깜놀 발견이기도 했지만, "한번쯤 배낭을 메고 말이 통하지 않는 이방의 거리를 하염없이 걷다가 지쳐서 노천 카페에 앉아 카푸치노를 마시고 싶다"라는 소년 같은 보헤미안 역시 전성표, 그다.

그만의 성실한 일상과 짜여진 목회, 넘치는 개성의 소유자들인 가족들, 소박하지만 알찬 여행의 묘미를 즐기는 여행, 다방면의 공부로 얻은 혜안과 해학의 성서풀이, 그가 만난 사람들, 세상만사 이야기들… 이 이야기들로 '헐렁하게(?) 그득한' 〈가까이사는사람〉은 재미있다. 재미있으면 된 것이다. 암….단연 돋보이는 자전거 이야기는 자전거 명상으로까지 진화되어 그만의 독보적인 이야기로 안착될 것인데 흥미가 진진하다. 북산 오마주를 모티브로 그는 그의 길을 가고 있다.

2주에 한 번 〈가까이사는사람〉을 만나는 기쁨을 누린다. 이 시대 한 목회자의 삶과 시선이 담긴 편지가 자전거를 타고 강을 따라 천천히 다가오는 것만 같다. 단어와 문장과 그림과 아름다운 관계를 맺고 살아가는 편지, 〈가까이사는사람〉을 기다리는 독자여서 좋다. 그 속에 담긴 어떤 단어, 어떤 문장, 어떤 그림이 주는 위안에 자주 머물 수 있어서 참 좋다. 나도 가까이 사는 사람이 된 것 같아서 좋다.

　전성표, 그는 그만의 이야기꾼이 될 것이다. 그가 꿈꾸는 세계로 그의 편지가 안내할 것이다. 멈추지 않는 편지의 힘은 역시 세기 때문이다. 이 편지를 읽다가 어느 날 내게, 또 다른 어느 독자에게, '지극히 우연히 만난 가장 아름다운 순간'을 선물하게 될 것이다.

　〈가까이사는사람〉 선집 발간을 축하한다. 이 책으로 하나의 마침표를 찍고, 다시 펼쳐질 신세계를 향해 날개를 펼치시길….

〈가까이사는사람〉들의 메시지

손편지 받아 본지가 언제더라? 아이들이 생일이라고 써 준 편지 외에는 거의 받은 기억이 없는데, 어느 날 손편지가 날아왔다. '나에게만 써서 보낸 편지는 아닌 것 같은데' 하면서 편지를 읽다가 '이거 정말 손편지야'라며 자세히 살펴보기도 했다. 시시콜콜 들려주는 여행 이야기는 늘 의미가 있고 재미있어서 여행에 대한 호기심을 자극하게 하는 마력을 지녔다. 건조한 말투 같지만, 내용이 따뜻한 이야기들은 늘 미소를 짓게 했다. 이 편지를 버리기 아까워서 모아두면서, 요것을 책으로 펴내면 좋겠구나 싶었는데, 드디어 책으로 나온다니 기뻤다. 축하합니다~ 다른 사람들도 읽고 저처럼 행복하길 바랍니다. – B

내면 여행, 외부 여행 공감하며 행복한 순간이 진심으로 느껴집니다. – H

늘 보내 주시는 편지 잘 읽고 있습니다. 언제나 통쾌한 통찰 감사 드려요. – N

위트가 넘치는 좋은 글과 그림을 기대합니다~ 감사합니다! – J

수마킹 동굴 이야기 재미있게 읽었습니다. 언젠가 가보고 싶어 인터넷에서도 찾아봤어요. – J

좋은 선생님과 함께 성서공부를 했다니 부럽군요. 고맙습니다. - H

편지가 위로가 됩니다. 진솔한 형님의 고백이 매번 훌륭하기는 하지만 그보다는 계속 편지를 보내주시는 형님의 존재에 대한 감사함이 더 큰 것 같습니다. - I

모스크바 갔다가 죽어서도 편히 쉬지도 못하는 레닌을 보고 왔지요. 좀 불쌍했어요. 왜 남은 사람들은 죽은 이가 하지 말란 짓만 기어이 하는지 모르겠습니다. 예수도 어떤 면에서 그렇게 방부처리 된 셈이지만… 호치민 얘기에 반가웠어요. 아! 가까이사는사람 너무 좋아요. 이 시골 깡촌에서 이거 받아보는 재미로 산다고 해도 과언이 아님. 고맙습니다! - W

형이 여행 다녀온 곳마다 사람들이 넘치는 듯. 산호 해변도 산티아고 순례길도… 가지 마세요ㅎ 사람을 부르는 사주가 있는 것 아녀요?^^ - W

많이 배웠다. 나는 특히 그림이 좋다. - W

늘 편지 읽으면서 힘도 얻고 기쁨이 있으면서 안부조차 묻지 못했네요. 수고에 감사드립니다. - M

그동안 편지에 대한 피드백이 없었네요. 악플이 무플보다 낫다고 뭐라고 반응이 있는 게 좋겠지요. 좋습니다. 잠깐이나마 새로운 사고, 새로운 여행을 하는 기분입니다. 여행 이야기는 늘 그립습니다. 항상 고맙습니다. - H

〈가까이사는사람〉 구독자들이 목사님 그림 좋다는 칭찬을 많이 하니까 편지에 있는 그림 비율이 점점 높아지네요^^ - R

여행,
나의 구루

지치고 피곤했는데, 와락 반갑네요. 보름달을 보며 무얼 빌고 계십니까? - W

받을 때마다 미안한 마음과 기대하는 마음을 같이 품고 열어 본답니다~ 늘 건강하게 지내셔요! - A

답장도 못 보내는데 편지 감사히 잘 읽고 있습니다. 그림 솜씨가 날로 느는군요. - J

보내주시는 편지 재미있고 유익해요. 감사합니다. - S

재미있고 유익한 글, 적절한 그림(너무나 잘 그리심) 흥미롭게 잘 읽고 있어요(설교 자료로도 사용한답니다). - N

그림 실력도 나날이 좋아집니다 ㅎㅎ - H

한 달이면 두 번씩 그림 이야기가 날아온다. - S

너무 재미있고 유익합니다. 덕분에 삶이 더 풍성해졌습니다. - B

온도가 초원에서 맘껏 뛰어놀고 바람 소리도 듣고 푸른초원도 볼 수 있기를 🙏 편지 첫 페이지에서 예감했어요. 그 하얀 고양이와 이별했구나… 행복했던 시간으로 충분할 겁니다. - K

자네, 역시 21세기 북산일세. (비교해서 미안!) 북산 글은 어렵게 쓴 느낌. 자네 글은 달통하여 술술 말하는 듯한 느낌. 이 느낌들이 사실이거나 말거나. 사람이 사실로만 살 것이 아니요 느낌으로도 살 것이니라. 아멘! ☺ - Y

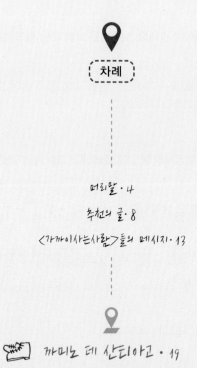

차례

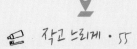

까
미
노
데

산
티
아
고

아무나 가는 산티아고, 나도 가 보자

산티아고 순례?

이 순례길을 접한 것은 어느 일간지의 연재 란이었다. 나는 그 글을 '아무나 가는 산티아고, 나도 가보자'로 읽었다. 그런 날이 내게도 올까 싶었다. 순례에 대한 사진 중 눈보라를 헤치며 피레네산맥을 넘는 사진이 감동이었다.

대략 그림과 같은 모습이었는데 이 후에 나는 실제로 이런 모습으로 피레네산맥을 넘게 되었다. 눈 대신 비를 맞으며.

가기로 했다. 로망을 실현하기 위해, 혼자서라도 가려 했다. 두 친구에게 권했다. 함께 가지 않겠느냐고. 친구들이 거절한다면 홀로 가기로 마음먹고 있었는데, 친구들은 흔쾌히 동의했다. 그때 산티아고 코스가 크게 네 개가 있는 것을 알았다.

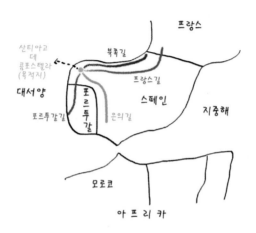

산티아고 순례는 스페인 북서부 산티아고 데 콤포스텔라라는 도시에 있는 성당을 향해 가는 여정으로 크게 북쪽길, 프랑스길, 은銀의 길, 포르투갈길, 이렇게 네 가지 루트가 있으며, 대부분 사람들은 프랑스 남부 작은 마을에서 출발하는 프랑스길 800km를 걷는다.

남들이 많이 가는 흔한 길이 아닌 곳을 걷고 싶어서 선택한 길이 포르투갈길 650km였다. 우리 계획은 ① 포르투갈길을 완주한 후 ② 스페인에서 프랑스까지 대중교통으로 이동한 다음, 프랑스 스페인 국경인 피레네산맥을 27km 걸어 넘은 후 ③ 아프리카 모로코에서 휴식을 취하는 것이었다.

포르투갈길은 포르투갈의 수도 리스본에서 출발하여 국경을 넘어 스페인으로 가서 콤포스텔라 성당에 이르는 코스이다. 내가 산티아고에 간다고 했을 때 지인이 남미에 가느냐고 물었다. 남미 칠레 수도 이름이 산티아고라서 그렇게 물은 것이었다. 아니라고 했다. 내가 가는 산티아고는 스페인 북서부 도시 이름이라고 했다.

Sergio Fonseca가 지은 책 *The Portuguese Way to Santiago de Compostela*에는 포르투갈길에 다음과 같은 전설이 있다고 쓰여 있다.

예수 열두 제자 중 한 명인 사도 야고보는 박해를 피해 세상 끝에서 전도하기로 하고 피니스테레에 간다. 피니스테레는 이베리아 반도에서 해지는 곳으로 당시 사람들은 이곳을 땅끝, 세상 끝으로 여겼다. 야고보는 작은 배를 타고 7일간의 항해 끝에 피니스테레에 도착했다.

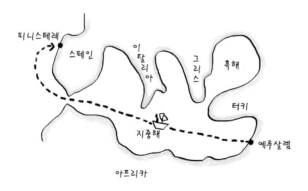

야고보는 피니스테레 근처 이리아 플라비아에서 전도한 후 팔레스타인으로 돌아가 헤로데 아그리파에 의해 목 잘려 죽는다. 두 제자가 버려진 야고보의 몸을 야고보가 전도하던 이리아 플라비아로 바다를 건너 옮겼다. 거기서 리브레돈이라는 숲에 장사 지냈다. 은자隱者들이 야고보의 묘를 대대로 지켰다.

이후 로마의 침략, 무어인의 침입으로 이 무덤은 잊혔다. 그리고 800년이 흘렀다.

숲에 살던 은자 펠라기우스는 별비rain of stars가 특정한 곳을 비추는 것을 보았다. 거기서 그는 오래된 무덤을 발견했다. 그는 그것을 데오도미로 주교에게 알렸다. '별이 떨어진 벌판'은 스페인어로 캄푸스 스텔레인데 여기서 콤포스텔라라는 도시 이름이 생겼다. 주교는 그곳에 가 보기로 마음먹고 여행하여 여기서 야고보의 묘를 발견했다. 묘는 빛으로 둘러싸여 있었다. 이 일을 알폰소 2세에게 보고하자 왕은 그 자리에 교회와 수도원을 세우도록 했다. 그리고 야고보를 스페인의 수호성인으로 정했다.

알폰소 2세는 콤포스텔라를 방문한 첫 순례자가 되었다. 977년 무어인이 그 교회를 파괴하자 알폰소 3세는 콤포스텔라에 이전 것보다 더 큰 교회를 세우도록 했다.

이것이 순례의 종착지에서 보게 될 대성당의 원형이 된다.

10세기 전후 이곳은 유명한 순례지가 되었다. 첫 번째 프랑스길 안내서가 12세기에 출간되었다. 순례자가 늘자 범죄자도 늘어 순례길을 지키기 위해 성 야고보 기사단이 만들어지기도 했다. 이후 유럽 사회의 대변동으로 이 길은 점차 잊혔다.

20세기에 이 순례길이 재발견되어 새로운 순례의 시대가 시작되었다. 1985년 성당이 있는 산티아고시는 유네스코 세계유산이 되었다.

이 길은 까미노 데 산티아고라고 한다. '까미노'는 길, '산티아고'는 성 야고보라는 뜻이니 영어로는 Way of St. James, 한국어로는 '성聖 야고보 길'이다. 포르투갈 리스본에서 우리 셋은 출발했다. 약 2개월 여정이었다. 35 l 배낭에 꾸린 내 짐 무게는 6kg이었다.

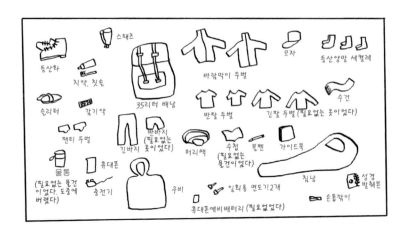

호기롭게 출발했지만 첫날부터 비를 만났고 진흙길을 걸었다. 첫날 40km 가까이 걸었고 숙소인 소방서에 도착하니 몸살 기운도 있었다. 포르투갈은 소방서에서 잠을 재워 주기도 한다.

둘째 날은 30km 가까이 걸었는데 세 명 모두 발에 물집이 잡혔다. 나는 살도 찌지 않았고 매일 자전거로 출퇴근하기에 잘 걸을 줄 알았다. 나는 해외를 1년에 두 번 정도는 다녔다. 그러나 도보 순례는 전혀 다른 종류의 여행이었다. 여태까지 내 몸이 전혀 경험하지 않은 상황이었다. 매일 바늘을 소독해 물집을 터뜨리고 발 안부를 묻는 것이 하루 시작과 끝이었다. 매일 근육통에 시달렸다. 짐을 줄인다고 줄였지만 배낭은 무거웠다. 근육통 약을 두고 온 오만함을 반성했다. 인생에서 가장 많이 발에 대해 이야기를 서로 나누었다. 한 시간 걷다가 쉬기를 반복했다. 비가 어찌나 오는지 처음 30일 중 열흘은 비를 맞으며 걸었다. 비를 많이 맞으니 등산화에 물이 들어왔다. 오후가 되면 낭만적으로 벤

치에 앉아 일기를 쓰려던 생각은 착각이었다. 숙소에 들어오면 쓰러져 자기 바빴다. 순례자가 많아 5~10km만 가면 숙소가 나오는 프랑스길과는 달리 포르투갈길은 25~30km는 가야 숙소를 찾을 수 있었다. 게다가 포르투갈길은 대부분 울퉁불퉁한 돌길로 되어 있어서 걷기가 나빴다. 심지어 자동차 길도 돌길로 되어 있었다.

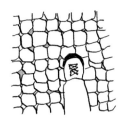

덥고 지쳐서 이제 그만 가고 근처에 숙소를 잡으려 해도 없는 경우가 많았으며 길가의 교회에서라도 자 볼까하여 성당문을 두드려 보았지만 허사였다. 포르투갈길은 순례자가 드물었다. 프랑스길에서 매일 만났던 한국인 순례자를 포르투갈길에서는 한 달 동안 두 번 만났을 뿐이다. 물집이 심하게 잡혀 거의 발바닥 절반 크기로 상처가 커져 병원에 두 번 갔다. 의사가 최소 1주일은 쉬어야 한다고 했지만 계속 걸었다. 통증이 일상이 되었다. 순례 떠나기 전 파울로 코엘료 저작『순례자』를 영어로 읽고, 그 책의 한국어판도 읽고 어느 한국인 명사가 쓴 순례기도 읽고 왔지만 육체 통증에 대한 이야기는 거의 없었다. 특히 코엘료의 책에는 전혀 없었던 것 같다. 물집과 통증은 순례 시작 20일째가 되면서 사라졌다. 다리에 힘도 붙었다. 그때가 되니 목적지가 가까이 다가와서인지 순례자들이 조금씩 많아졌다. 첫날에는 단 한 명의 순례자를 만났을 뿐이었다. 중간에 쉬면서 마시던 에스프레소 커피와 하루 걷기를 마치고 마시던 맥주나 포도주는 위로가 되었다. 순례 초반 발은 아팠지만 포르투갈의 냄새를 마음껏 맡았다. 푸른 하늘을 마음껏 바라보았다. 새소리, 바람 소리, 심지어 지나가는 차 소리도 열심히 들었다. 집중해서 들었다.

'생각'하지 않았다. 생각하지 않으려 노력했다. 지금 이 자리에서 나는 소리, 냄새, 이 자리에서 보이는 풍경을 놓치는 사람은 그 자리에 있지 않은 사람이다. 그 자리에 있지 않은 사람은 없는 사람이다. 나는 그렇게 살고 싶지 않다. 순례 기간 내 인생에서 가장 많은 감사기도를 했고, 가장 오랫동안 하늘을 보았으며, 가장 많이 같은 성경 구절을 반복하여 읽었다. 그것만으로도 나는 본전을 뽑은 셈이다. 비 오고 바람 불던 날 카라반에서 자면서 지붕과 벽이 있는 것이 얼마나 행복하고 고마운 일인가도 새삼 알았다. 꿈에 영화 〈메디슨 카운티의 다리〉의 '다리'가 ponte라는 포르투갈어로 보일 정도로 그 나라에 푹 빠져 있었다. 마침내 한 달 만에 콤포스텔라에 도착했다.

여행,
나의 구루

병원에 두 번 가고 물집과 근육통에 시달리고 발톱까지 빠져 가며 도착한 콤포스텔라 대성당이었지만 별 감동 없었다. 기분은 좋았다. 그것이 전부였다. 기대가 너무 컸을까?

어쨌든 우리는 휴식을 취하고 프랑스 남부 생장피에드포르라는 마을로 갔다.

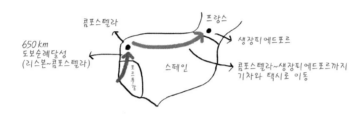

이제 우리에게 마지막 남은 미션은 생장피에드포르에서 피레네산맥을 넘어 스페인의 론세스바예스라는 마을로 오는 것이다. 그리고 모로코로 가서 휴식을 취하면 우리가 계획한 두 달 여행이 끝나는 것이었다.

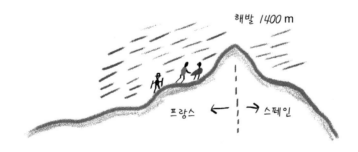

비바람을 뚫고 피레네산맥을 넘었다. 힘들었다. 피레네산맥을 넘는

것은 내 로망이었다. 그 꿈이 이루어졌다. 그러나 피레네산맥을 넘어 스페인으로 다시 들어온 날 사달이 났다. 막내가 그날 한국으로 돌아가겠다고 여행경비 1/3을 돌려달라고 했다. 여행 중 쌓였던 갈등이 증폭되어 폭발한 날이다.

셋이 출발한 여행은 둘이 남게 되었다. 막내가 돌아간 상황에서 우리 둘이 모로코를 간다는 것이 흥이 나지 않았다. 프랑스길이 아름답기도 했다. 그래서 둘이서 프랑스길을 계속 걷기로 했다. 애초에 포르투갈길을 완주하고 프랑스길은 하루만 걷고 아프리카 모로코에서 쉬려던 계획은 무산되었다. 귀국 전까지 프랑스길 절반 400km를 더 걸어 둘이서 두 달간 걸은 거리는 1,000km를 넘겼다. 예상치 못한 일이었지만 좋았다. 만족스럽다. 가슴은 많이 아팠다.

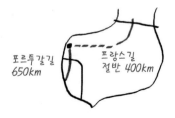

보통 산티아고 순례길이라고 하면 프랑스길을 이야기한다. 프랑스
길이라고 이름이 붙은 이유는 이 길의 시작 지점이 프랑스 남부 생장피
에드포르라는 작은 도시이기 때문이다. 생장피에드포르는 우리나라로
치면 북한 개성까지 20여km 떨어진 국경도시인 파주 정도에 해당되
는 곳으로 프랑스길이라고는 하지만 프랑스를 걷는 시간은 한나절 정
도이다. 나머지는 전부 스페인 북부를 걷는 여정이다.

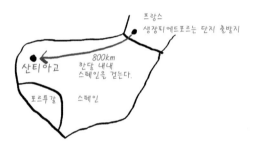

내가 포르투갈길을 걸으려 했던 것은 남이 많이 가는 코스를 피하고
싶어서였다. 애초 시도하려 했던 길은 야고보가 묻혀 있는 스페인의 산
티아고가 아니라 예수 12제자 중 한 사람인 도마가 묻혀 있는 인디아
의 첸나이라는 도시까지 걷는 것이었다. 내가 "우리 인도의 뉴델리에서
도마의 무덤이 있는 첸나이까지 순례하면 어때?"라고 했을 때 같이 가
기로 했던 두 친구는 손사래를 치면서 "형, 오리지널을 먼저 합시다"라
고 했다. 그것도 좋은 생각인 것 같아 동의했다.

델리에서 도마의 무덤이 있는 첸나이까지 도보로 순례를 해보겠다는 계획을 친구들이 말린 것은 잘된 일이었다. 그때 나는 델리에서 첸나이까지 길이 2,000km가 넘는 길인지 몰랐다. 또한 아무 길이나 순례길이 되는 것이 아니라 그에 상응하는 인프라가 있어야 순례길이 된다는 것도 순례를 마치고 나서 알았다.

사람이 조금 덜 가는 포르투갈길을 걷기로 했다.

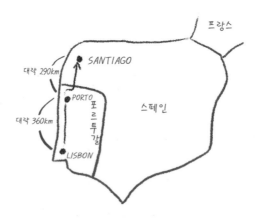

포르투갈의 수도 리스본부터 걷기 시작했다. 포르투갈길을 걷는 대

여행,
나의 구루

부분 사람들은 리스본에서 시작하지 않고 포르투갈 북부 항구 도시 포르투에서 시작한다. 나중에 이유를 알았는데 리스본~포르투 구간은 순례자를 위한 시설이 많지 않다. 그래서 중간에 숙박하고 싶어도 잘 곳이 없어서 무리해서 더 걸어야 하는 경우가 생긴다. 걷는 사람이 드물어 순례자를 보기가 어렵다. 길을 잃기도 한다. 길을 잃으면

이 노란 화살표와

이 가리비 표시를 찾아야 합니다.

산티아고 순례길은 저 노란 화살표를 따라 걷는 여정이다. 무작정 걷는 것이다.

산티아고 순례 책자 사진에 나오는 아름다운 숲길도 지나지만 공장지대도 지나고 작은 마을들도 지나고 제법 큰 도시를 지나기도 한다. 남의 나라 시골길을 한 달 동안 걷는 것이다. 산티아고 순례 책은 아름다운 길 사진만 보여준다.

포르투갈 영토는 남한과 비슷하지만 인구는 1,000만 정도로 우리나라의 1/5이다. 무엇이든지 드문드문 있다. 카페에서 휴식을 취할 수 있다. 포르투갈은 커피와 빵과 포도주가 흔한 나라다. 어느 시골 카페에 가든지 커피 머신이 있어서 커피를 내려 준다. 커피, 빵, 포도주를 좋아한다면 최고 여행지가 될 것이다. 카페에서 마시는 커피는 2016년에

60센트(약800원), 빵은 김밥 가격이며, 포도주는 막걸리 가격이다. 와인 잔을 흔들어 돌리거나 향을 맡거나 하지 않는다. 우리 막걸리 마시듯이 그냥 마신다. 모든 소방서가 잠을 재워 주지는 않지만 가끔 순례자에게 잠을 재워 주는 소방서에서 잔다. 소방서에서 잠을 잔다고? 그렇다. 특별한 경험이었다.

소방서는 무료로 재워 주기도 하고, 기부금을 받기도 한다. 아예 요금이 정해져 있는 곳도 있지만 금액은 많지 않다. 포르투갈 소방서는 화재진압을 할 뿐 아니라 지역 주민 공연장, 사랑방이기도 하고 순례자를 위한 숙소 역할도 한다. 6일 만에 파티마에 도착했다.

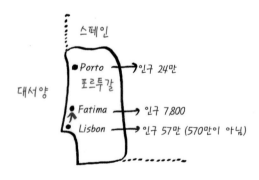

파티마는 1917년 성모마리아가 세 아이들(두 소녀와 한 소년, 셋은 사촌 사이) 앞에 있는 떡갈나무 위에 나타난 마을로 천주교 주요 성지이다.

지금까지 어느 곳에서도 본 적이 없는 매우 아름다운 부인이었는데, 나이는 열여섯 살 정도 되어 보이며 표현할 수 없이 아름다운, 천상의 빛으로 가득한 용모를 지니고 있었다. 하지만, 무엇인지 생각에 잠긴 듯한 슬픔도 배어 있었다.

– 당시 열 살로 최연장이었던 루치아 소녀가 한 말

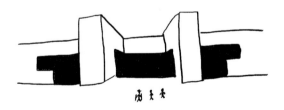

파티마의 성삼위 성당. 대략 가로 100m, 세로 100m, 높이 20m의 건물로 어지간한 거리에서는 카메라 프레임에 다 들어오지도 않는다. 수용인원 9,000명. 파티마 전체 인구가 채 8,000명이 안 되는 것을 감

안하면 정말 커다란 성당이다. 세계에서 손꼽는 큰 성당이다.

성모가 발현한 성지라 하여 혹시 하늘에 마리아 모양 구름이라도 나타나면, 사진을 찍으려고 고개가 아프도록 오랜 시간 하늘을 쳐다보았지만 그런 일은 일어나지 않았다. 그 대신 한국인 단체 관광객을 비롯, 세계 각지에서 온 순례객들을(우리처럼 도보 순례는 아니지만) 볼 수 있었다. 도보 순례자를 위한 무료숙소에서 잘 자고 여정을 계속할 수 있었다.

깨끗하고 잘 관리된
공동묘지

카페에서
사람들이 논다

마을 중심에
교회가 있다

포르투갈 마을 앞에는 공동묘지가 있다. 주택은 교회를 중심으로 형성되어 있다. 카페에는 주로 남성 중장년 사람들이 모여 커피나 포도주를 마시고, 카드놀이를 하고, 함께 축구를 본다. 저 사람들은 아마 대부분 그 마을에서 태어났을 것이고, 농사를 지었을 것이고, 일요일에는 성당을 다녔을 것이며, 노년이 된 지금은 이렇게 카페에 모여 커피와 포도주를 마시며 한담을 나누다가 더 나이 들고 병들어 세상을 떠나게 되면 마을 앞 묘지에 묻힐 것이다. 행복한 삶이라는 생각이 들었다.

포르투갈에는 시에스타라는 점심 후 낮잠 시간이 있다. 웬만한 상점은 문을 닫는다. 보통 오후 2시부터 5시까지인데 이 시간에 상점을 찾아갔다가 낭패를 당하기도 했다. 저녁식사를 위한 식당은 8시경 문을 열기도 한다. 그전에는 저녁을 먹지 못한다. 24시간 편의점이 즐비하고 오후에는 언제라도 식당에서 밥을 먹을 수 있는 우리로서는 낯선 문화이다. 부러웠다.

사람들은 친절하다. 횡단보도에 신호등이 없어도 사람이 길을 건너려 하면 차가 멈추어 선다. 횡단보도를 건너려 할 때 보행자를 무시하고 그냥 지나가는 차를 단 한 대도 보지 못했다. 포르투갈길은 주로 시골 마을을 지나는 코스인데 시골 마을 집이 좋았다. 궁색한 기미가 보이지 않았다. 화장실은 자동 점등되는 경우가 많고 수도꼭지는 절수 꼭지가 다수였다. 1인당 GDP는 우리(29위)가 포르투갈(37위)을 앞서지만 포르투갈이 선진국이라는 생각을 했다. 인구밀도가 낮아서인지 사람들이 여유로워 보였다.

출발한 지 27일째 포르투갈에서 국경을 넘어 스페인으로 왔다. 경찰도, 여권을 보자고 하는 사람도, 장벽도 없었다. 그곳에서 어리벙벙하고 있는 것은 분단국에서 온 우리뿐이었다. 한국을 찾는 외국인들에게 가장 흥미로운 여행지가 남대문도, 남대문시장도, 고궁도, 제주도도 아닌 DMZ라는 사실이 이해가 되는 순간이었다.

포르투갈길 정리

포르투갈길은 짧은 코스와 긴 코스가 있다. 짧은 코스는 포르투에서 시작한다. 포르투에 시작하면 목적지까지 290km 정도 걸으면 된다. 긴 코스는 리스본에서 시작한다. 우리는 리스본에서 시작했다. 리스본에서 시작하면 640km 정도 걷는다.

① 스페인에 비해 물가가 싸다. 2016년, 스페인에서 커피 한 잔에 1유로 정도 할 때 포르투갈은 60센트 정도였다.

② 순례자가 적어 상업화가 덜 되어 있다.

③ 포르투갈 시골 구석구석을 마음껏 볼 수 있다.

④ 당신이 가톨릭 신자라면 파티마를 경유하는 코스를 잡을 수 있다.

⑤ 해안길을 선택할 경우 대서양을 보며 걸을 수 있다.

⑥ 리스본에서 포르투까지는 편의시설이 적다. 중간에 자고 싶어도 잘 곳이 없는 경우가 있다.

⑦ 동네 카페나 바에서 포르투갈인들의 삶을 엿볼 수 있다.

⑧ 빵, 커피, 포도주를 좋아한다면 최고의 여행지이다.

프랑스길

산티아고 순례를 한다고 하면 대체로는 프랑스길을 걷는다는 의미
이다. 말이 프랑스길이지 이 길은 단지 프랑스에서 시작할 뿐, 프랑스
땅은 전체 800km 여정 중 약 2%인 17km 정도를 걸을 뿐이며 나머지
는 전부 스페인 북부를 걷는 길이다.

우리는 프랑스길 절반 지점 사하군까지 걸었다. 귀국일이 다가와서
더는 걸을 수 없었다.

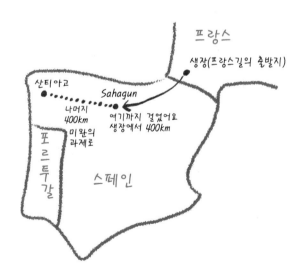

프랑스와 스페인 사이에는 피레네산맥이 있다. 나폴레옹이 이베리아반도를 침공한 길이라는 나폴레옹 루트를 넘는 것으로 프랑스길 순례를 시작한다. 포르투갈길 650km를 완주한 후 걷는 길이라 몸이 걷기에 적응되었음에도 불구하고 배낭을 메고 비를 맞으며 해발 1,400m를 넘는 첫날은 힘들었다. 그날 이후 이렇게 힘든 코스는 별로 없었다.

어느 새벽 은하수를 보려고 오전 4시에 길을 나섰다. 은하수가 책이나 인터넷 사진처럼 뚜렷하지는 않았지만 커다란 별 무리를 보았다. 내 인생 처음이었는지도 모르겠다.

드물게 순례자 환영 모임을 하는 숙소가 있다. 순례자 숙소에서 환영 모임을 하던 어느 저녁이었다. 서로 소개하고 인사하는 시간에 한 순례자가 지인이 죽고 나서 이 순례를 하게 되었다며 울먹였다. 그 옆의 순례자가 그를 달래면서 함께 울었다. 그것을 본 나도 울었다. 650km 포르투갈길 순례를 마치고 눈물은커녕 감동도 없던 내가, 수년 전 성지 순례에서 예수님이 십자가를 지고 걸으셨다는 비아돌로사를 지나면서 심심했던 나였는데 그들의 사연을 듣고 모습을 보니 눈물을 주체할 수가 없었다. 모임을 인도하던 수녀께서 함께 부를 노래를 선택하라 하여 '우리 승리하리라'We shall overcome를 함께 불렀는데 그 노래를 부르면서 엉엉 울었다. 그 노래는 순례 3년 전 세상을 떠난 친구와 함께 불렀던 노래였다.

이 길에는 다양한 순례자가 있다.

양쪽 목발을 짚고 가던 남자

가족 도움을 받아 휠체어로 가던 여자. 몸을 가누지 못하는 뇌성마비 환자였어요.

유모차에 아이를 태우고 가던 부부

몸이 삐뚤어져 배낭이 흘러내리던 할머니

개와 함께 순례하는 사람들

이외에 다양한 모습의 순례자가 있다. 모로코 여행을 포기하고 걸은 프랑스길인데 그만한 가치가 있었다. 600km 넘게 걸었더니 걷는 것이 힘들지 않다. 걷기 고수가 된 듯하다. 매일 책을 읽었다. 숙소에는 순례자들이 두고 간 책들이 있다. 한국인도 많이 만났다. 여정 중 만난 일본인 캉상은 이번이 여덟 번째 순례라고 했다. 캉상은 은퇴자처럼 보였는데 순례를 위해 스페인어를 배웠다고 했다. 중독성 있는 길인가 보다. 캉상이 "이번 순례가 마지막 순례가 될 것 같아"라고 말했을 때는 슬펐다.

포르투갈에서 병원에 두 번 갔었다. 의사는 최소 1주일은 쉬어야 한다고 했다. 그 말을 듣고 우울해져서 나머지 여정은 자전거를 대여해 순례를 마칠까 하는 생각을 했다. 그러나 하루만 쉬고 다시 걸었다. 발은 걸으면서 저절로 나았다. 그래서 프랑스길 여정은 쉬웠다.

어느 날 똥이 마려운데 그곳에는 화장실이 없었다. 화장지를 들고 으슥한 숲으로 들어갔다. 둔덕이 있어 똥 누기 최상의 장소였다. 그러나 그곳은 똥밭이었다. 내가 똥 누기 좋다고 생각한 자리는 남이 보기에도 그런 자리였던 것이다.

마을 높은 곳, 혹은 중심에 교회가 있다. 인도 마을 높은 곳이나 중심에는 힌두교 사원이 있다. 마을 중심에 교회가 있는 스페인 마을은 인도를 연상하게 한다. 비슷하다. 하나는 가톨릭 성당이고 다른 하나는 힌두사원일 뿐.

사람을 만났다.

일본 여인 주나짱은 우리와 대화한 날이 외국인과 가장 오랜 시간 이야기한 날이라고 했다. 밀다는 기독교인이라고 했는데 영성에 관심

많은, 마치 범신론자 같은 사람이었다.

미국 동남부 조지아주 애틀랜타의 교회 스텝 중 한 명인 매기는 교회에서 일하고 있지만 기성교회에 대해 비판적이었다.

프랑스길 정리

① 풍광이 아름답다.
② 편의시설이 잘 되어 있다.
　초보자가 가기 좋다. 5~6km 마다 바^{bar}, 카페 그리고 알베르게라고 부르는 숙소가 나타난다.

③ 순례자가 많아 친구 사귀기 좋다.

한국인이 많아 한국인을 사귈 수 있고, 외국인을 친구로 둘 수 있다. 외국어를 잘하지 못해도 다들 친구가 되어 함께 걷곤 한다.

산티아고 순례를 마치고

계획과 현실

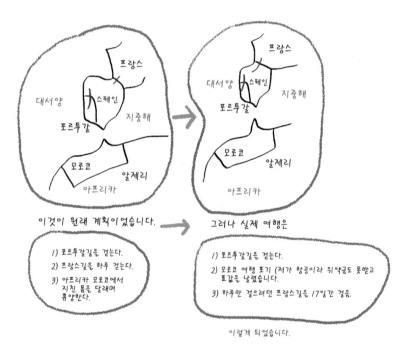

프랑스
대서양
스페인
지중해
포르투갈
모로코
알제리
아프리카

이것이 원래 계획이었습니다.

1) 포르투갈길을 걷는다.
2) 프랑스길을 하루 걷는다.
3) 아프리카 모로코에서 지친 몸을 달래며 휴양한다.

프랑스
대서양
스페인
지중해
포르투갈
모로코
알제리
아프리카

그러나 실제 여행은

1) 포르투갈길을 걷는다.
2) 모로코 여행 포기 (저가 항공이라 위약금도 못받고 표값을 날렸습니다.
3) 하루만 걸으려던 프랑스길을 17일간 걸음.

이렇게 되었습니다.

계획이 이렇게 될지 몰랐다. 게다가

셋이 시작한 여행이 → 후반부에 둘이 남게 되었습니다.
한 명이 먼저 돌아갔기 때문입니다.

60일짜리 여행의 후반 1/3은 둘이서 하게 되었다. 전혀 상상하지 못했던 일이다. 우리 셋은 20년 지기이고 우리가 함께 간 해외여행이 5회가 넘었기 때문이다. 자신이 배려받지 못했다 생각한 한 명은 나머지 둘을 두고 떠났다.

리본

배낭에 커다란 리본을 달고 순례를 했다.

순례전, 마치 긴 여행을 하기 전 선산에 인사하듯 광화문 세월호 천막을 방문하여 리본을 만들던 어느 수녀님에게 받은 리본이다. 순례 중 외국인이 가방의 노란 리본이 무엇이냐고 물어보면 세월호 사건에 대해 이야기해 줄 심산이었다. 그러나 아무도 내 가방의 노란 리본에 대해 묻지 않았다.

순례 중 만난 줄리아님은 교포였는데 직접 만든 노란 리본을 다량으로 배낭에 넣고 다니는 여성이었다. 만나는 사람들에게 국적을 가리지 않고 나누어 주었고, 때로는 길가에 매달기도 했다. 나는 리본이 있었지만 내게도 주기에 받았다. 어느 비 오던 언덕에서 내 커다란 리본을 나무에 매달고 줄리아 님이 준 리본을 가방에 달고 다녔다. 누가 떼지 않았다면 내 리본은 아직 그 언덕 나무에 매달려 있을 것이다.

일과

순례 일과는 대략 다음과 같다.
① 아침 6시 기상
② 7시 출발
③ 오후 2시경 숙소 도착
④ 샤워, 빨래 후 휴식
⑤ 밤 10시경 취침

단순한 일과다. 산티아고 순례를 다녀와서 순례길을 그리워하는 것을 순례 경험자들은 카미노 블루라고 한다. 순례길 후유증을 앓는 이유는 순례길 걸을 때 추억 때문인데 나는 추억 내용이 아름다운 풍경이나 만났던 사람들에게 있기보다는 일과라고는 자고 걷고 먹는 것뿐인 지극히 단순한 생활 때문 아닐까 싶다.

비용

산티아고 순례를 준비하는 사람이 예산에 대한 정보를 찾다 보면 1km를 가는데 1유로가 든다는 이야기를 듣게 된다. 그 이야기에 대해 가타부타 말이 많지만 2016년 기준으로 보면 가능하다.

800km ~ 800 유로 ~ 한화 100만 원

산티아고 프랑스길 800km를 걷는 데 35일 정도 걸리는데 그 돈이면 가능하다. 물론 숙식 포함이다. 두 가지 조건이 있다.

① 사설 숙소를 이용하지 않고 공립 알베르게라는 숙소를 이용한다. 사설 숙소는 조금 비싸다.

② 순례길에는 샐러드, 고기, 감자튀김, 포도주 등으로 구성된 순례자 메뉴라는 음식을 파는 식당이 많은데 그것을 사 먹지 않고 숙소 주방에서 음식을 해 먹거나 소박한 음식을 사 먹으면 가능하다. 많은 숙소에 간단한 조리시설이 있다. 여행 후반부에 우리는 쌀을 사서 밥을 지어 먹거나 파스타를 해 먹었다. 사 먹는 경우 보카디요라는 스페인식 샌드위치를 먹었다.

여행,
나의 구루

보카디요는 주로 바케트빵 사이에 얇은 하몽과 채소를 넣는 형태다. 이렇게 먹고 자면 그 예산으로 가능하다. 그래도 매일 카페에서 커피를 마시고 오후에는 포도주와 맥주를 마실 수 있다.

단, 그 비용은 순례에 국한된 것이다. 순례 전후 관광을 하면 비용이 뛴다.

한국인

프랑스길에서는 한국인을 자주 만난다. 젊은이들은 중년인 우리를 외면하는 경우가 잦았다.

중년, 특히 중년 남성들은 처음 만나는 한국 젊은이들에게 뭘 꼬치꼬치 묻는 경우가 많은데, 그것이 문제 중 하나일 것이다. 젊은이들끼리는 잘 어울리는 것 같았다. 자동적으로 중장년끼리 어울리게 된다.

거기서 만난 한국인이다.

퇴직교사. 젊은 한국 여자에게 밥을 사고, 서양인들과 어울리려 애쓰고 해서 밉상으로 적힘.

우리가 '회장님'이라고 부르던 노인. 산티아고 순례를 여러 차례 하셨다.
많은 것을 가르쳐 주시고, 친절하신 분인데, 말씀이 너무 많으셨다.

두 여인. 이 둘은 전에 터키 여행 중 만난 사이라 했다.
이 사람들과는 주로 밥을 같이 해먹었다.

저렴한
자전거

자기 것도
아니고 매형 것이라 했다.

자전거로 순례하던 항공사 직원. 휴가가 짧아 자전거로 순례하게
되었다고 했다. 우리 옆 탁자의 한국인들에게 밥을 얻어 먹을 수 있겠냐고
요청했다. 거절당하고, 우리와 함께 식사하게 된 사람

한밤중에도 선글라스를 끼고 있던 젊은 여자. 말을 거의 하지 않았다.

은(銀)의 길
1,000km를
마치고 시간과
체력이 남아
포르투갈 길
오심

포르투갈 길에서 만난 퇴직자. 산티아고 두번째 순례를 마치고 시간이 남아
포르투갈 길을 걷다가 만났다. 이분 때문에 wok이라는 중국 뷔페를
알게 되었다. 지난 순례 때 한국 여성에게 "한국인 이세요?"라고
말 걸었다가 "그런데 왜요?"라는 대답을 들은 후 한국인에게
먼저 말걸지 않게 되었다고 했다. 우리와 만났을 때 이미 1,000km를 걸은 후였다.

산티아고 순례에 중독된 사람들, 특히 같은 코스를 수차례 다시 오는
사람들을 보면 사람과의 만남에 중독되는 것이 아닐까 싶기도 하다.

잠

男老
女少

침대 사용에도 예법이 있다. 난 주로
위층을 썼다. 나도 아래층을 쓰고 싶었지만
배정받지 못할 때가 많았다.

남자들은
밤에 이렇게 몽유병
환자처럼 팬티 바람으로
화장실 갑니다.

주로 중년 이상
서양인들

주섬 주섬

여성들도
뒤돌아서 대충
옷 갈아
입기도 합니다.

x

숙소에는 이런 이층 침대가 서너 개에서 많게는 수십 개씩 있다. 대부분 남녀구분이 없다. 젊은 사람은 위층 침대를 주고, 연로한 사람에게 아래층 침대를 배정해 주는 일이 많다.

속도

날이 지날수록 걷는 속도가 빨라진다.

처음에는 시속 3km로 걷다가 여행 후반부 프랑스길을 걸을 때는 시속 4km이상 걸었다.

행복

포도주에 취해 이베리아반도의 햇볕 아래 졸던 오후가 행복한 기억

으로 남아 있다.

잃은 것

① 몸무게 4kg (66kg이었는데 62kg이 되었어요.)
② 발톱 4개

그래도 좌우대칭으로 빠졌어요.
(의외로) 아프지 않습니다. 천천히 빠집니다.

③ 친구 한 명. 여행을 끝까지 함께 못하고 일행 중 한 명이 먼저 귀국했다.

순례 준비물

① 돈
② 여권
③ 비행기표를 구매할 용기

이곳을 여행한다면 당신은 "두 유 스피크 잉글리쉬?"같은 질문을 받을 수도 있다. 여행 초기에 만난 프랑스 할아버지는 영어를 단 한마디도 못하셨다. 어디서나 불어로 이야기했다. 심지어 우리에게도.

어느 환영모임에서 만난 이태리 사람들도 자기소개와 인사를 일관
되게 이태리어로 했다. 그 모임의 공용어는 스페인어와 영어였지만, 다
들 눈치, 눈짓, 손발짓으로 소통했다.

변화

순례를 다녀온 내게 무슨 변화가 있느냐고 물어본 사람들이 있는데,
극적인 것은 없다. 내가 산티아고 순례 중 신호등 없는 횡단보도를 건
너려 할 때 내 앞을 그냥 지나가는 차는 없었다. 운전자가 보행자를 보
면 100% 멈추었다. 반드시. 예외 없다. 내가 겪은 운전자들은 다 그랬
다. 나는 이전에도 오토바이를 타면서 교통신호를 잘 지켰는데, 순례
후 내게 일어난 작은 변화 하나는 오토바이 운전 중 신호등 없는 횡단

보도에서 보행자가 지나려 하면 잘 멈춘다는 것이다. 나는 운전 중 보행자를 잘 배려하는 편이었지만 순례 후 더욱 잘 멈추었다.

산티아고 순례의 매력

① 친구를 사귈 수 있다.

좋은 한국인들을 만났고 다양한 외국인들을 만났다.

② 몸이 튼튼해진다.

다리에 힘이 생긴다. 살이 빠진다.

③ 싸다.

돈이 많이 들지 않는다.

④ 아름답다.

대부분 길이 아름답다.

⑤ 중간에 그만두기 어렵다.

귀국 비행기 날짜를 변경하면 손해가 커서 대부분은 결국 끝까지 가게 된다.

작고
느리게

What is your degree?

인도를 처음 방문했을 때 인도 NCC(인도교회협의회) 총무를 만나게 되었다. 인도 기독교 비율은 2.3%지만 (천주교, 개신교 포함) 인구로 따지면 3천만이고 개신교인은 천만 정도 될 것이다. 인도 NCC 총무는 천만 개신교인을 대표하는 사람이다. 그때 나는 20대 K선생과 공적인 일로 인도 방문 중이었다. 총무가 우리에게 한 첫 질문은 'What is your degree?'였다.

K선생은 어학 연수를 다녀왔고, 영어가 유창하다. 하지만 못 알아들었다. 첫 질문치고는 당혹스러웠다. K선생은 기온을 물어보는 줄 알았다. 내가 대답했다. "I am a master, she is a bachelor"(나는 석사이고 이 사람은 학사야).

총무가 고개를 끄덕이며 말했다. "I have a doctor's degree…"(나는 박사인데…).

파트너 교단의 공식 방문자에게 학위를 묻는 것이 의아해 인도 친구에게 내가 받은 질문 이야기를 했더니, 친구는 총무가 이상한 사람이라며 인도 사람은 처음 보는 사람에게 학위를 묻지 않는다고 했다.

한국에서 인도로 떠나기 전, 인도에서 오랫동안 활동했던 선교사님이 내게 말했다. "목사님, 석사학위 있으시죠? 명함에 꼭 석사라고 찍어가세요." 무시했다. 그깟 석사학위를 명함에 찍다니. 총무를 만나고 얼마 후, 남인도에서 활동할 때 다니엘이라는 이름의 인도 목사를 만나 명함을 교환했다. 다니엘 명함에는 MA(석사)가 찍혀 있었다. 나는 인디아 특수한 상황은 잘 모른다. 대부분 사람이 그러한지, 특별히 기독교 쪽만 그러한지. 그러나 공식적으로 카스트가 없는 인도 (혹은 기독교) 안에서 학위가 카스트 비슷한 역할을 하고 있을지도 모른다는 생각을 했다. 풍선효과인가.

간화선

인디아 북쪽에 달라이라마가 사는 다람살라라는 작은 도시가 있다. 여기에 남걀사원이라고 남성 승려를 위한 수도원이 있다. 이 수도원에 가면 승려들이 모여 짝을 지어 서로 크게 떠들며 박수를 하고, 웃고 춤 추듯이 몸을 크게 움직이며 무엇인가를 하는 장면을 볼 수 있다. 처음에는 그들이 무슨 말을 주고받는지는 몰랐지만 나중에 그것이 티벳 불교 수련 방법 중 하나라는 것을 알았다.

그 장면은 마치 싸우는 듯했습니다.

여러 해가 지나 그들의 대화 내용을 알게 되었다. 이런 것이었다.

A 사람이란 무엇인가?

B 사람이란 이성과 분별력이 있는 걸고 말하는 존재이지.

A 그렇다면, 분별력이 없고, 걸을 수 없고 말할 수 없는 존재는 사람이 아니란 말인가?

또 이런 대화도 있다.

A 물이란 무엇인가?

B 물이란 아래로 흐르는 축축한 것이지.

A 축축한 것은 여러 가지가 있다. 그 말대로라면, 석유나 기름도 물
   이란 말인가?

나는 이것을 일종의 간화선으로 이해하고 있는데 큰 소리로 웃고, 말
하고 박수 치는 것이 상당히 다이내믹하다. 그들의 수행법을 보니, 영
성수련이라고는 "주여' 삼창하고 통성으로 기도합시다" 외에는 뾰족한
것이 없는 개신교가 떠올랐다. 관상기도나 향심기도라는 것이 있기는
하나 개신교 다수의 수행법은 아니다.

그림을 한 달 만에 배울 수는 없지요

가족들과 안식년 여행으로 인도에 머무르고 있을 때였다. 『론리 플
래닛』이라는 가이드북을 경전처럼 들고 다녔다. 그 책에서 추천하는 숙
소에 묵고, 그 책에서 볼만하다고 하는 곳을 방문했다.

아마도 인도 중부의 어느 도시에 머무를 때, 그 도시에 화가가 사는
데, 그에게 그림을 배울 수 있다는 글을 가이드북에서 읽었다. 아내와
나는 아이 둘을 숙소에 두고 그 집을 찾아갔다.

정원은 기사 포함 네 명이지만
두 배까지 탄다. 그것은
요란한 소리를 내면서
달리는 오토릭샤
(auto rickshaw)

인도 대중의 발

여기, 이 주소로 가주세요

맹~ 따 따 따 따

나이 지긋한 남성이 우리를 맞아 주었다. 처음 보는 우리 외국인 부부에게 따뜻한 차를 내주었고 친절히 대해 주었다. 성이 싱Singh이라 시크교도인가 물어보았다. 그는 웃으며 '싱'이라는 성을 가진 사람이 모두 시크교인은 아니라고 했다. 우리가 한국에서 왔다고 하니, 자기는 한때 일본에 거주한 적이 있다며 반가워했다. 한국과 일본은 문화가 많이 다르고 서로 감정이 좋지 않은 것은 몰랐나 보다. 하긴 대부분 한국 사람들은 인도와 파키스탄이 사이가 좋지 않은 것을 모르는데, 그것과 마찬가지일 것이다.

그림을 그리는 아내가 그림을 배울 수 있느냐고 물어보았다. 그는 얼마나 배울 예정이냐고 되물었고 (5개월짜리 장기 여행자였지만 이미 반 정도를 보낸 상태였기에) 아내는 1개월 정도라고 대답했다. 싱은 다시 웃으며 1개월 만에 그림을 배울 수는 없다고 했다. 지당한 대답이었다.

좀 더 대화가 오갔고 이제 갈 때가 되었다. 싱은 우리에게 작별 선물로 자기 그림 사본을 주었다. 그 그림은 폭이 1m는 족히 되는 커다란 것이었다. 돌돌 말아 잘 포장해 주었다. 힌두 신화 한 장면을 세밀화풍으로 그린 것이었다. 한동안 그 그림을 가지고 여행했다. 그러나 장기 여행자에게 그것은 버거운 일이었다. 무겁지 않았지만 너무 컸다. 결국 우리는 (사막의 어느 도시였던가) 그것을 버렸다.

그분 이름은 잊었다. 성이 싱이라는 것만 안다. 살아 계신지요? 그렇다면 건강하신지요? 주신 말씀, 환대, 고맙습니다.

나무 한 그루가 숲을 이루어

반얀나무는 벵골보리수라고도 하는데 무화과나무 일종이다. 한 그루 나무에서 계속 가지가 퍼지고 그 가지에서 뿌리가 내려온다. 처음 인도 갔을 때 반얀나무를 보았다.

여행,
나의 구루

세 번째 인도 방문 때 다른 반얀나무를 보았다.

그 반얀나무는 인도 남부 첸나이 신지학회 본부 안에 있는데, 전에 콜카타에서 보았던 것보다 크다 했다. 수령도 450년가량이다. 이 나무 아래서 사람들은 크리슈나무르티 강연을 들었다. 나무 하나가 숲을 이루어 사람들에게 그늘과 안식을 제공했다. 성인聖人이 이런 나무와 같은 사람 아닐까.

네가 죽고서 내가 산다면

콜카타는 인도 동쪽의 도시로 한때 영국령 인디아 수도였다. 여기에 마더 테레사 하우스가 있고, 그 옆에 죽음의 여신인 칼리 사원이 있다. 여기서 염소를 제물로 바친다.

의식은 순식간에 끝난다.

누군가 재빨리 뛰어와 그 피를 자기 이마에 찍어 바른다. 진지하다.

머리 없는 몸이 한참 동안 경련을 일으킨다.

페루, 잉카, 이집트, 메소포타미아, 팔레스타인, 이란, 인도, 그리스, 로마, 중국 등 고대 문명 발상지에는 인신공양이 있었다. 구약 아브라함과 이삭 이야기, 심청전, 에밀레종 전설에도 인신공양 흔적이 남아 있다. 제물이던 사람이 이제 동물로 대체된 것을 다행이라 해야 할까.

매년 190억 마리 닭, 15억 마리 소, 10억 마리 양, 10억 마리 돼지가 도살당한다. 인간의 음식으로 사용되기 위해서. 이 숫자는 지금 인류 인구수의 3배이다. 인면수심이나 짐승 같은 놈이라는 말은 쓰지 말아야한다. 인간은 동물에게 감사해야 한다.

다섯 명을 놓고 한 첫 설법

불교 4대 성지가 있다. 붓다가 태어난 룸비니, 깨달음을 얻은 부다가야, 최초 설법지 사르나트, 입멸에 든 쿠시나가르가 그러하다. 4대 성지 중 두 곳을 방문했고, 사르나트는 그중 하나다. 당시 머물던 바라나시에서 10km 정도 떨어져 있는데, 그날 비가 왔다.

사르나트에서 붓다는 첫 설법을 했다. '초전법륜'이라 한다. 설법은 이렇게 시작한다.

첫 법문을 듣는 비구는 5명이었다. 지금 전 세계 불자는 약 5억이다. 첫 설법부터 지금까지 매년 경기도 구리시 인구(20만명) 정도의 불자가 늘어난 셈이다.

두려움으로 지은 집

메링가 요새는 인도 라자스탄주 조드푸르시에 있다. 이런 성이 있다는 것은 인도행 비행기 안에 비치된 책자에서 봤다. 아름다웠다. '인도에서 당신이 꼭 보아야 할 곳'이라고 쓰여 있었다. 좋다. 가면 된다.

약 550년 전, 이곳의 통치자 조다왕은 안전을 위해 이곳으로 천도했다. 바위산 위에 있는 이 성은 도무지 점령되지 않을 것처럼 보인다. 웅장하다. 인도에서 가장 장엄한 성채 중 하나다. '요새'라는 말을 들으면 강인함, 힘 같은 말을 연상할 수 있지만, 요새는 사실 두려움의 산물이다. 100m가 넘는 바위산 위에 건설된 성, 성에 다가서기 위해서는 꼬불꼬불한 길을 돌아야 한다. '메랑가'는 '태양 요새'라는 의미인데 성벽이 두껍고 높다. 낮은 곳은 6m, 높은 곳은 36m에 이른다. 적군 코끼리가 성문을 파괴하는 것을 막기 위해 철제 대못을 거꾸로 박아 두었다.

여행,
나의 구루

메링가, 인간의 두려움을 표현한 예술품 중 가장 큰 것. 그것이 그곳에서 내가 본 것이다.

리사이클 인디아

인도에 여러 번 다녀왔고 장기 여행을 했으며, 가이드를 한 적도 있고 방을 얻어서 산 적도 있다. 딸 아들 모두 인도 현지인 학교를 다니기도 했다. 인도는 탈도 많고 말도 많은 나라이다. 카스트 문제, 끔찍한 성범죄, 성차별이 있는 나라이기도 하다. 조금 다른 이야기를 해 보겠다.

칫솔

많은 인도 사람들은 칫솔 대신 미스왁이라고 부르는 나뭇가지를 사용한다.

끝은 도려낸다

이렇게 생긴 나뭇가지의 끝을 벗겨 내고 벗겨진 부분으로 이를 닦는다. 저 나뭇가지를 여러 개 묶어 팔기도 한다. 미스왁은 인디아 외에 여러 아랍국가, 아프리카, 말레이시아 같은 나라에서도 사용된다. 그것은 7,000년이 넘는 역사를 가지고 있고, 세계보건기구에서도 추천한 바

있다. 물론 치약을 쓰지 않는다. 쓰고는 그냥 버린다. 자연으로 즉시 돌아간다.

휴지

많은 인도 사람들은 휴지를 사용하지 않는다. 인도 휴지는 질도 좋지 않고 비싸다. 인디언들은 아침이면 각자 페트병을 들고 들판이나 기찻길 옆으로 간다.

화장실 가는 모습

뒷물용 통,
보통 2리터짜리
페트병을
사용합니다.

장관이다. 나는 인디언들이 물을 사용하지 않고 휴지를 사용한다면 어떤 일이 생길까 상상해 보았다. 인디아 인구는 세계 인구 20% 가까이 된다. 아주 많은 나무가 베어져야 했을 것이다. 휴지 대신 물을 사용하기 때문에 뒷물은 자연으로 즉시 돌아간다.

똥

나도 인도에 살 때에 들판으로 똥을 누러 갔다. 돼지가 기다리고 있다.

여행,
나의 구루

인도에서는 돼지를 풀어 놓고 키운다. 볼일을 마치면 기다리던 돼지가 먹는다. 즉시 자연으로 돌아간다. 변기 물탱크도, 밸브도 필요 없다. 이렇게 커다란 나라에서 이렇게 빨리 순환되어 안심이 됐다.

발의 가시를 뽑는 여인

    인도 중북부에 카주라호라는 인구 2만 작은 도시가 있다. 크지 않은 카주라호가 유명한 것은 이곳 사원들에 있는 조각상들 때문이다. 유네스코 세계유산이다. 에로틱한 조각상들이 많다. 1,000년 정도 된 사원들이고, 옛날에는 85개 사원이 있었다는데 지금 25개 정도 남았다. 성(행위)을 묘사한 조각은 전체의 10% 정도다. 그래도 많다. 나는 그 야한 조각상들을 보러 갔다. 카마수트라에서 튀어나온 듯한 온갖 체위 상들이 있지만 정작 눈길을 끈 것은 다른 것이었다. 발에 박힌 가시를 뽑는 여인.

두 기둥 사이의
고부조(高浮彫)인데
환조에 가깝다.
조각상은 대부분
실물 절반 크기로
높이가 80cm 내외다.

나는 이 조각을 보고 또 봤다.
(높은 곳에 있어 올려봐야했다)
자꾸 자꾸 보았다.
내가 본 조각상 중 가장
아름다웠다.

　다석 유영모는 약국에 많은 약이 있지만 내가 먹을 것은 한 가지이며 성경에 많은 구절이 있지만 내게 맞는 말씀은 하나라 했다. 한국에는 많은 집이 있지만 내 주소는 단 하나다. 나는 저 여인을 만나러 그 사원까지 찾아간 것이다.

별이 떨어진 곳

　인도를 세 번째 방문했을 때 인도 중부에 운석이 만든 호수가 있다는 것을 알고 찾아갔다. 그때 우리가 살던 인도 집에서 호수까지는 약 350km, 기차가 없는 곳이라 버스를 타고 가야 했다. 인도에서 저 정도 거리를 가려면 로컬버스로 여섯 시간은 가야 한다.

No problem~

It's ok~

(Shit!)
No!

가는 길에 세 번 펑크가 났다. 두 번째까지 잘 참던 인내심 많던 인디 언들이 세 번째 펑크에는 화를 내기 시작했다. 목적지는 외국인과 관광 객이 없는 낯선 곳이었다. 조용한 시골 마을이었다. 사람들이 모여들어 우리더러 어디를 가느냐고 물었다.

"I'm looking for a place... where a big stone from the sky...

fell... and it made a lake..."(내가 찾는 장소는 말이야… 하늘에서 큰 돌이 떨 어져서… 그게 호수를 만들었는데…).

내 얘기를 듣고 있던 젊은이가 말했다.

"크레이터crater!"

그렇지! 그게 크레이터였지. 그 친구의 도움으로 운석공을 찾았다.

약 5만 년 전에 하늘에서 별이 떨어져 만든 호수. 세계에서 세 번째 로 큰 운석 흔적이며 현무암 지대에 떨어진 유일한 흔적이라 했다. 내 인도 친구는 이 호수가 어디 있는지 몰랐고 심지어 호수가 있는 지역 사람들도 왜 거기를 가느냐고 물었지만 나는 좋았다. 한국 가이드북에 는 나오지도 않는다.

이 정도 운석공이 생기기 위해서는 지름 50m 정도의 돌이 떨어져야 한다. 매일 지구에 진입하는 운석의 양은 100톤에 달하지만 대부분 대기로 들어오면서 폭발, 증발한다. 그럼에도 불구하고 매년 500여 개의 운석이 지구에 도달하며, 몹시 드물지만 사람이나 동물이 사상하는 경우도 있다. 중국에는 운석이 우박처럼 쏟아지면서 1만 명 이상이 죽었다는 옛 기록이 있다.

20세기 이후, 이집트에서는 개가, 미국에서는 소와 말이 운석에 맞아 죽거나 다쳤다. 미국에서는 또 지붕을 뚫고 떨어진 운석 파편에 부상을 당한 주부가 있었고 7살 아이가 운석에 맞는 사건도 있었다.

기록되지 않은, 그래서 우리가 모르는 사상자는 더 많을 것이다. 이 시간도 운석은 떨어지고 있다. 지름 50m 이상의 물체가 지구와 충돌하는 것은 천년에 한 번쯤 된다. 내가 지금 여기 살아 숨 쉬는 것을 은총이라 해야 할지.

설교하는 목사에서 듣는 평신도로

인도 남부에서 집을 얻어 잠시 산 적이 있다.

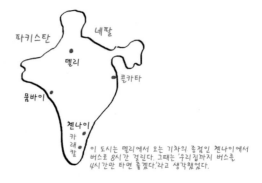

이 도시는 델리에서 오는 기차의 종점인 첸나이에서 버스로 8시간 걸린다. 그때는 '우리 집까지 버스를 4시간만 타면 좋겠다.'라고 생각했었다.

그 집은 버스터미널에서 한참을 가야 하는, 버스가 다니지 않는 시골이었다. 교회에 가야 하는데 집 근처에는 교회가 없었다. 아무 교회나 다니기 싫어서 에큐메니컬 진영에 있는 남인도교회협의회 소속 교회를 찾다 보니, 그 교회는 집에서 2시간 거리에 있었고, 차를 한 번 갈아타야 했다. 영어 예배 시간은 아침 9시였다. 교회에 가려면 아침 6시에 일어나야 했다. 그렇게 졸린 눈을 비비며 두 시간을 가니 교회가 보였다.

무엇인가 붙붙는 것 같은 CSI(남인도교회협의회)마크가 교회에 붙어있다. CSI 소속 목사들은 대부분 영어를 할 줄 안다.

교회는 마치 성당 같았다. 개신교 교회인지 몇 번을 확인해야 했다.

이거 뭐 완전히 성당이잖아?

그렇게 큰 교회는 아니었다. 교회이름은 St. Peter chuch

매주 성찬식을 했는데 앞에 나가 무릎을 꿇고 떡과 포도주를 받아야 했는데 포도주는 목사님이 입에다 넣어 주었다. 목사님은 나이 든 사람은 아니었다. 내 또래? 어쩌면 나보다 젊었을지도.

예배가 끝나면 다과 시간이 있다. 영어 예배에 참가하는 사람은 10명 정도였고 딱히 내게 말을 거는 사람은 없었지만, 다과 시간이 좋았다. 특히 교회 마당에서 마시는 짜이(향신료와 우유가 가미된 홍차)가 맛있었다.

내가 살던 인도 집을 떠나는 날 목사님에게 인사를 하고 이제 고국으로 돌아갈 때가 되어 교회는 더 이상 못 온다고 했다. 목사님은 나에게 강대상 앞으로 나오라 하고는 기도를 해 주었다. 다시 무릎을 꿇었다. 왜 그때 일이 생각나는지 돌이켜보니, 내가 평신도로 지낸 시간이었기 때문이다. 그것이 좋았다.

믿음은 들음에서 옵니다 - 바울

세상에 없는 풍경

함피는 남인도 어느 힌두 왕국 수도였는데 무너진 유적이 있는 곳이다. 인도를 여러 번 다녀왔지만 초창기에 함피를 방문하지 못했다. 너무 가고 싶어 꿈속에 등장했던 곳이다. 드디어 갈 기회를 잡았다.

내가 인도에서 머물던 도시에서 함피까지는 900km. 차를 렌트해서 이틀 걸렸다. 월요일 아침에 출발하니 화요일 저녁에 도착했다. 함피는 파괴되기 전까지 북경 다음으로 컸고, 인도에서 가장 큰 중세 도시였다 한다. 포르투갈 여행자 도밍고 파에스는 함피가 "로마처럼 크고, 매우 아름다우며, 세상에서 가장 잘 갖추어진 도시"라 했다.

16세기 중반 무슬림 침공으로 함피 왕은 참수당했고, 참수당한 왕 머리는 지푸라기로 채워졌고, 함피는 약탈되었으며, 도시는 6개월간 불탔다. 지금은 유네스코 세계유산으로 유명 관광지다. 외계에 온 듯하다.

무너진 이 힌두 왕국은 남한 면적 6배가 넘는 '제국'이었다. 승리자

술탄은 함피를 폐허 그대로 두었다. 지금 관광객이 보는 모습 그대로. 함피는 파괴된 이후 다시는 정복당하지 않았다. 폐허를 침공할 군대는 없으니까.

아이들은 키우는 것이 아니라 크는 것

아이가 둘 있다.

우리 가족에게 의미 있었던 일은 2000년 중반 가족 모두 안식년 여행을 떠난 것이었다.

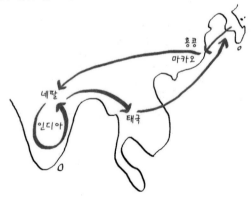

여행,
나의 구루

홍콩, 마카오- 네팔 - 인디아 - 태국을 방문하는 5개월짜리 여행이었다. 딸은 중1 나이였고, 아들은 초등학교 4학년 때였다. 여러 곳을 갔지만 인도에 가장 오래 머물렀다. 딸은 인도에 도착하자 곧 "아빠, 나 스무 살에 인도에 다시 오면 안 돼?"라고 말했다. (그 말은 스무 살 때가 아니라 곧 이루어지게 된다.)

홍콩 야경을 보고, 네팔에서 안나푸르나 히말라야 트레킹을 하고, 인도 전역을 여행하고, 태국 바다에서 스노클링을 하고, 그렇게 잘 놀다 귀국했다.

귀국 후 딸이 지원한 어느 대안학교에 낙방했다. 나는 딸에게 ① 구로에 있는 일반 고등학교에 진학하든가 ② 그냥 대입검정고시를 보든가 ③ 아니면 인도로 유학을 가든가, 셋 중 하나를 선택하라고 했다. 딸은 주저 없이 인도행을 결정했다.

유학을 한 경험도, 보낸 경험도 없는 나는 이메일로 인도에 있는 현지인 친구에게 ① 인도 유학이 가능한지 ② 인도의 커리큘럼은 어떠한지 ③ 비용은 얼마나 드는지를 문의했다. 유학은 가능했고, 커리큘럼은 우리와 큰 차이 나지 않았고, 비용은 저렴했다. 그렇게 아이는 비행기를 탔고, 2년 반을 인도에서 살며 학교에 다녔다. (딸이 고교 낙방을 했을 때 동료 목사님들이 낙방 축하 전화를 해 주셨다. 지금도 그분들께 감사의 마음이 있다. 이 뒤로 우리 집은 낙방할 때마다 파티를 한다.)

한국인에게 잘 알려지지 않은, 딸이 유학하던 인도 중부 그 도시는 외국인 유학생이 드물어 현지 신문에 취재되기도 했고, 딸을 어여삐 보아 주신 지인 친절로 한국 공중파에 나오기도 했다. 고마운 마음이 있다.

현지인 친구 집에서 홈스테이하며 유학 생활을 하던 딸은 1년 후 남동생을 불렀다. 인도에 유학 오지 않겠냐고. 아들도 짐을 꾸려 떠났고, 한국에는 우리 부부만 남게 되었다. 부모는 한국에, 중고생 나이 아이 둘은 인도에서 사는 생활을 1년간 했다.

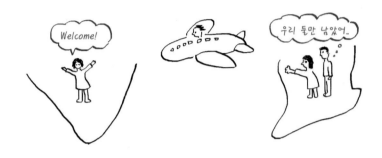

방학을 맞아 일시 귀국한 딸을 공항에 마중 나간 아내는 딸이 영어도 아니고 한국어도 아니고 힌디어도 아닌 말을 했다고 했다.

큰아이는 2년 반, 작은아이는 1년의 유학 생활을 마치고 아이들이 각각 귀국하였다. 한국 대학을 갈까, 인도 대학을 진학할까 고민하던

여행,
나의 구루

딸은 입시를 통해 국내대학을 진학하기로 결정하여 입시학원을 다녔고, 아들은 여행을 하겠다며 편의점에서 아르바이트를 시작했다. 100만 원이 넘는 돈을 벌었다. 비행기표는 우리가 끊어주었다.

세상 밖으로. 이때 아들은 16세, 중 3 나이였습니다.

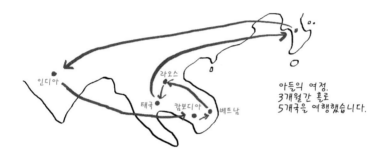

아들의 여정.
3개월간 홀로
5개국을 여행했습니다.

아들은 여권을 분실해 재발급받기도 했고, 여러 외국인과 한국인들을 만나 사귀었다. 아들의 마지막 여행지인 태국에서, 한국에서 태국으로 여행 온 나와 친구들을 만나 일주일을 함께 보냈다.

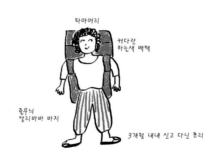

타마머리

커다란
하늘색 백팩

줄무늬
알리바바 바지

3개월 내내 신고 다닌 쪼리

3개월 만에 치앙마이 공항에서 만난 아들은 동남아 방랑객 그 자체였다. 아들과 태국 북부를 일주일 함께 여행하고 우리는 한국으로, 아들은 좀 더 여행을 하기 위해 방콕으로 가기로 했다. 아들에게 방콕행 버스표를 사 주려고 여행사에 갔다. 그런데 아들이 영어를 잘했다. 여행자 길거리 생활영어였다.

그렇게 여름에 떠난 아이는 가을이 되어 돌아왔다. 이 여행이 아들 자존감을 높였음은 두말할 나위 없다. 아들은 영어를 조금 더 잘했더라면 만났던 사람들과 마음속 이야기도 나눴을 터인데 그러지 못해 아쉬웠다고 했다. 나와 헤어지고 난 뒤 방콕에서 만난 형들이 아들에게 몇 살이냐고 물었고, 아들이 열여섯이라고 하자 "너도 대단하지만 네 부모님도 대단하다"라고 했단다. 내 자랑이다. 아이들은 이렇게 여행과 탈북청소년 대안학교와 홈스쿨링을 거쳐 자랐다. 하늘과 여러 조력자 덕택이다. 고맙습니다.

열반에 이르는 수레

찌그노트라는 말은 대학 초년생 즈음 이문열 소설 〈젊은 날의 초상〉에서 처음 알게 되었다. 그 소설에 찌그노트라는 주점이 등장한다. 찌그노트는 그 밑에 깔려 죽으면 극락에 간다는, 그래서 사람들이 몸을 던졌다는 제의용 수레다. 인도에 있다. 처음 인도를 방문했을 때 찌그노트를 보았다.

아무리 열성 신앙이라지만 저 거대한 수레바퀴에 스스로 몸을 던져 으스러뜨려지는 죽음이라니, 기이했다.

14세기부터 서양인들이 퍼뜨린 이 이야기는 출처가 불분명한, 근거

가 희박한 것이다. 설령 그런 일이 있다손 치더라도 그런 죽음은 많은 군중 때문에 일어난 우연한 사건이었을 것이다. 인도에서 나온 이야기가 아닌, 서양인 여행기에서 나온 이야기이기 때문이다. 그러면 그렇지. 그러나 여전히 백과사전류에는 열성 신자들이 (극락에 가기 위해) 수레바퀴 아래 몸을 던져 으깨져 죽은 수레라고 되어 있다. 나는 이것이 서양인(영국인)이 동양인(인도인)에 대해 가진 편견에서 온 것이라고 생각한다.

인연의 끈

온 가족이 인도여행을 했다. 달라이 라마를 만나고 싶었다. 달라이 라마는 인도 북부 '다람살라'라는 소도시에 산다. 다람살라엔 티베트 망명정부가 있다. 달라이 라마는 없었다. 외국 출타 중이었다. 1년에 거의 절반을 외국 강연 등으로 보낸다는 이야기를 익히 들었지만 아쉬웠다. 뉴델리에서 열 시간, 흔들리는 버스를 타고 왔는데.

다람살라에서 지내던 어느 날 티베트 불교 서열 2위 '카르마파'의 강연이 있다는 이야기를 들었다. 서열 2위 카르마파? 처음 들어 보지만 꿩 대신 닭이라는 생각으로 강연에 참가했다. 강연장에 들어가기 위해서는 입구에서 검색을 받아야 했다. 사진은 찍지 못한다. 우리 가족 모두 참가했는데 한국인도 있고 스위스에서 온 사람들도 있었다.

그때 카르마파는 스무 살이었다. 영어로 강연했으며 (내가 다 알아듣지
못했지만) 평화에 대해 이야기했다. 스무 살 청년이 세계 각국에서 온 사
람들 앞에서 그렇게 여유 있게 강연하는 모습이 놀라웠다. 교육의 힘이
라고 생각했다. 강연 후 그는 모든 참석자들 손목에 일일이 붉은 끈을
매주었다.

'인연 끈'이라 했다. 긴 여행 동안 끈은 해져 사라졌다. 그때로부터 10
년 넘게 지나고, 딸은 인도에서 사업을 했고 아들은 대학에서 인도어를
전공하고 있다. 보이지 않는 인연 끈은 해어지지 않았다. 꿩 대신 닭이
아니었다.

작고 느리게

인도 동북에 다즐링이라는 도시가 있다. 차*로 유명하다. 다즐링에 가려면 콜카타 근처 뉴잘패구리라는 도시로 가야 한다. 여기서 다시 지프나 기차를 타야 한다. 지프는 세 시간 걸린다. 기차를 타려면 토이 트레인을 이용해야 하는데 토이 트레인은 유네스코 문화유산이다. 영국 식민지 시절인 1881년 만들어졌으니 140년 가까이 된 열차이다. 7시간 이상 걸린다.

뉴잘패구리에서 다즐링은 88km이다.

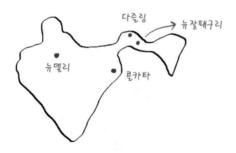

서서히 고도가 올라간다. 점점 추워진다. 반팔로 출발했다가 외투를 껴입게 된다. 긴 시간을 가지만 화장실은 객실에 없다. 중간역에서 해결하든가, 알아서 해야 한다. 식당칸도 없다. 간식을 준비하든, 굶든, 잡상인이 파는 것을 사 먹든 해야 한다. 길가 풍경이 아름답다.

여름이지만 도시는 시원하고 밤에 쌀쌀하다. 다즐링은 쾌청하고 아름다워서 같이 여행하던 동생은 다즐링에서 죽고 싶다고 했다.

뉴잘패구리에서 다즐링은 짚차로 3시간이면 간다. 토이 트레인은 7시간이 더 걸린다. 빠른 것을 추구하는 지금 세상에 88km 가는 데 7시간이 더 걸린다니. 비효율이다. 나는 그 비효율이 좋다. 내가 아마 빠른 짚을 탔으면 다즐링 가던 길을 기억하지 못했을지도 모른다.

직면

인도를 처음 여행할 때, 인도음식에 독특한 향을 풍기는, 화장품 냄새 같은 불쾌한(?) 풀을 넣는다는 것을 알았다. 나는 인도 사람들이 그 풀을 단냐라고 부른다는 것을 알게 되었고 이후 식당에서 단냐를 빼달라고 이야기했다. 인도 방문을 마치고 태국에 들렀을 때도 태국 국수에서 그 향이 나는 것을 알았다. 그 향만 없으면 맛있는 타이국수를 먹을 수 있었는데 그 풀이 문제였다. 나는 태국 사람들이 그 풀을 팍치라고 부른다는 것을 알게 되었고 식당에 가면 "마이 싸이 팍치"(팍치를 넣지 마세요)라고 외쳤다.

고수는 이렇게 생겼고 이 풀은 미나릿과 식물로 인도, 태국뿐 아니라 중국, 동남아를 비롯하여 전 세계에서 가장 널리 쓰이는 향신료라는 것을 알게 되었다. 한국 사람은 대부분 이 향을 힘들어한다. 앞으로 해외 여행을 하며 살기로 한 내가 이 풀을 피하여 살 수는 없었다. 그 후, 영 등포의 어느 인도식당에서 고수를 한 접시 주문해서 우걱우걱 다 먹었다. 먹다 보니 토할 정도는 아니었고 먹을 만했다. 괜찮았다. 이후로는 잘 먹는다.

후배 P군은 닭을 못 먹었다. 어릴 때 장닭에게 쪼인 기억 때문에 그런 것이다. 계기가 있었던 것이다. 그 친구는 군대에서 닭을 다시 먹게 되었다. 배가 고팠으니까. 계기가 있었던 것이다. 나는 그 계기를 스스로 만들어 극복했다는 것이 뿌듯하다. 직면한 것이다.

태어난 적도 없고 죽은 적도 없다

인도 방문 시, 인도 중부 푸네를 방문한 것은 오쇼 라즈니쉬 흔적을 찾기 위해서였다. 뉴에이지에 관심 있는 사람이라면, 명상이나 신비주의에 관심 있는 사람이라면 그 이름을 들어 보았을 것이다.

오쇼는 대학에서 철학을 가르쳤다. 사회주의, 마하트마 간디, 정통 힌두교에 대해 거침없이 마구 비판했다. 성에 대해 개방적인 태도를 가져 섹스 구루라는 별명을 얻었다. 명상센터(정확히는 '오쇼 국제 명상 리조트') 하루 방문 코스가 있다. 돈을 내야 한다. 참가했다. 오쇼 비디오를 보여 준다. "당신 어금니가 보이도록 크게 웃어라"라는 말이 나오는 영어 강연인데 다 못 알아들었다. 그리고 리조트 내부를 보여 준다. 내가 방문했을 때는 오쇼가 세상을 떠난 지 15년이 조금 지난 때였다. 나는 오쇼 책을 여러 권 읽었는데, 한 선배가 오쇼 사상의 정수를 알기 위해서는 오쇼의 책 『혁명』을 읽어야 한다고 하여 절판된 그 책을 구해 읽었다.

리조트는 아름답다. 대학 캠퍼스 같다.

이런 자주색 로브(rob)를 입어야 오쇼 리조트에 입장할 수 있다. 일종의 교복이랄까.

주로 젊은 서양인들이다.

푸네 시내 리조트 근처 길거리에서도 이런 복장을 볼 수 있다.

뉴에이지나 신비주의를 넘어서려면 오쇼를 지나가야 한다.

명상센터도, 아시람도 아닌 명상 리조트라니. 그래도 명상 리조트를
방문하고 나니 언덕 하나를 넘은 것 같다. 그의 묘비에 쓰여 있는 말

OSHO
Never Born
Never Died
Only Visited this
Planet Earth between
Dec 11 1931~Jan 19 1990

오쇼
그는 태어난 적도
죽은 적도 없다.
1931년 12월 11일과
1990년 1월 19일 사이
지구라는 행성을
방문했을 뿐이다.

이 말 멋지다.

태어난 적도 없고 죽은 적도 없고, 단지 지구를 방문했을 뿐이라고?
마치 우리가 그때 오쇼 리조트를 '방문'한 것처럼? 맞는 말이지. 우리는
지구별 여행자니까.

한낮의 정사

남인도에 잠시 살 때 근처에 쿰바코남이라는 도시가 있는데 그 도시 사원에 에로틱한 조각상이 있다는 글을 읽었다. 그 도시는 당시 내가 살던 곳에서 60km 정도 떨어진 곳으로 2시간 정도면 버스로 갈 수 있는 곳이었다. 도시에 도착하여 사원 세 개를 돌아보기로 사이클 릭샤와 계약했다.

돈은 거의
깎지 않았다.

땀에 젖은 뒷모습을 보며 가자니
삶의 고단함이 느껴진다.

← 목에 수건을 둘렀다.
땀을 뻘뻘 흘린다.
아저씨는 피부가 검고
말랐다.

사이클 릭샤는 택시 역할을 하는 삼륜 자전거

사원에 도착하니 거대한 고푸람(남인도 힌두사원의 탑문)이 나를 기다리고 있었다. 나는 열심히 에로틱한 상을 찾았다. 찾은 것은 이런 모양 조각이었다.

색상도
화려해

사람형태의 조각상들로 빼곡하다.

엄청난 상들이 있다. 모두 환조 형태이다.

가슴을 움켜쥐고 있다

다리는 뒤엉켜 있다

별로 야하지 않았다. 아니, 하나도 야하지 않았다. 대낮 나신상이 야할 리가 없었다. 섹스와 성이라는 것이 이렇게 밝은 곳에 드러나니 건강미가 느껴졌다.

힌두교인으로 태어났지만 힌두교인으로 죽지는 않겠다

인도를 여러 번 가거나 인도를 깊게 공부하고자 하면 닥터 암베드카르라는 이름을 듣게 된다. 곳곳에 암베드카르 동상과 사진이 있다. 간디보다 스물두 살 적은, 동시대 사람이다. 나는 운이 좋다. 2000년대에 처음 인도를 방문했을 때 닥터 암베드카르를 알게 되었다.

독립 인도, 네루 정권 시대에 초대 법무장관을 했고 인도 헌법을 제정했다. 암베드카르는 불가촉천민 출신이었다. 영국과 미국에서 박사학위를 받고, 변호사 자격을 취득했지만 불가촉천민으로서, 인도 학창시절에는 다른 달리트와 마찬가지로 책상과 의자가 주어지지 않아 바닥에 앉아 공부했다. 계급차별을 극복하기 위해 영국과 미국에서 박사학위를 받고, 공무원으로 일했으나 인도 주민들은 그를 깔보았다. 불가촉천민 투표권과 권익을 위해 노력했으나, 간디가 한 불가촉천민의 투표권 반대 단식 투쟁으로 좌절을 겪기도 했다. 여기서 '간디'는 우리가 아는 그 마하트마 간디이다. 인도 방문 내내 암베드카르 두상이 있는 목걸이를 하고 다녔다.

노점에서 저렴한 가격에 판다.
얼핏 보면 김일성 주석을 닮았다.

영국 식민지 시절 신분 차별의 벽은 높고 높아서 불가촉천민은 공용 식수를 마실 수 없었다. 불가촉천민이 마시면 물이 더러워지기 때문이었다. 암베드카르는 약 만 명의 달리트들과 항의 행진을 하면서 신분제도가 기록되어 있는 힌두교 경전, 마누 법전을 불태웠다. 암베드카르는 "나는 내가 원치 않게 힌두교인으로 태어났지만, 죽을 때는 힌두교도로 죽지 않겠다"라고 선언하며 불교로 개종했다. 암베드카르가 개종 선언한 지 이틀 만에 개종자가 50만이 되었다. 하층민들이었다. 그곳에 '딕샤부미'가 있다.

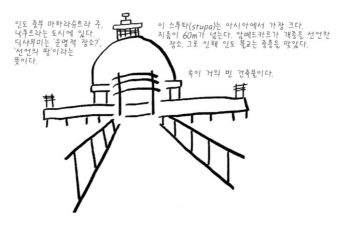

인도 중부 마하라슈트라 주,
낙푸르라는 도시에 있다.
딕샤부미는 '운명적 장소?',
'선언의 땅'이라는
뜻이다.

이 스투파(stupa)는 아시아에서 가장 크다.
지름이 60m가 넘는다. 암베드카르가 개종을 선언한
장소. 그로 인해 인도 불교는 중흥을 맞았다.

속이 거의 빈 건축물이다.

외국인이라 딕샤부미 2층에 올라가는 특권을 누렸는데 마이크 없이
강연 가능한 특별한 구조로 되어있다.

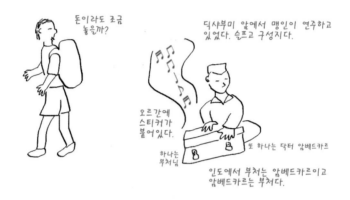

인도 신분제도에 대해 인디언 친구와 이야기하면서, 인도 친구에게,
내가 암베드카르를 좋아하며, 간디는 신분제를 옹호했기 때문에 그를
존경하지 않는다는 이야기를 하여 둘 사이에 언성이 높아진 적이 있다.
내 인디언 친구는 철저한 간디언이었기 때문이다. 격론 끝에 나는 "네
가 암베드카르보다 간디를 좋아하는 것은 네가 크샤트리아 출신 때문
인 것 아닌가!"라는 말을 하고 싶었지만 하지 않았다. 그 말 안 하길 참
잘했다. 더구나 내 말은 근거도 없는 말이었다.

암베드카르는 힌두교인으로 태어났다. 팔자다. 운명이다.

암베드카르는 불자로 죽었다. 팔자와 운명을 거부했다

나는 한국에서 외국인 노동자였습니다

안식년 여행을 가족과 할 때 네팔 수도 카트만두에서 그리니치라는 호텔에 묵었다. 5개월 여행 중 우리가 묵은 가장 비싼 숙소였다.

매일 아침, 관리인이 풀장에 떠있는 낙엽을 잠자리채로 떴다.

아빠! 여기 풀장도 있어!

풀장도 있었고, 조식 먹을 때면 팔에 수건을 두른 웨이터가 식탁 뒤에 서 있었다. 소박한 조식이었지만, 귀족이 된 듯했다. 웨이터는 무슨 말만 하면 "예스! 썰!"이라고 대답해 조금 부담스러웠다.

음.. 이 어색함은 뭐지?

커피   달걀프라이   베이컨   주스

우리 형편에 뭔가 어울리지 않아.

소박한 조식이었지만, 귀족이 된 듯했다. 공항으로 픽업도 나왔었다.

호텔 지배인하고 말을 하게 되었다. 우리가 한국에서 왔다 하니, 그는 무척 반가워했다. 한국에서 산 적이 있다 했다. 한국말도 할 줄 알았다. 인천에서 노동자로 생활했던 사람이었다.

대화는 한국어와 영어를 섞어서 했다. 그가 한국에서 외국인 노동자 생활을 했다 하니, 외국인 노동자들이 한국에서 받곤 했던 불합리한 처우와 차별이 생각나, 뜨끔하고 사실 조심스러웠다. 미안한 마음도 있었다. 다행히 그는 한국에 대한 좋은 기억을 가지고 있었다. (일부러 한국인인 우리에게 말을 좋게 했는지도 모르기는 하나) 그 지배인을 고용했던 사장님에게 감사한다.

낯선 경험

3대 가족 여행

아버지 팔순을 맞아 가족 여행을 떠났다. 베트남으로. 나를 포함 모두 열 명. 부모님, 나, 여동생, 남동생 가족들, 막내 여동생과 그 딸.

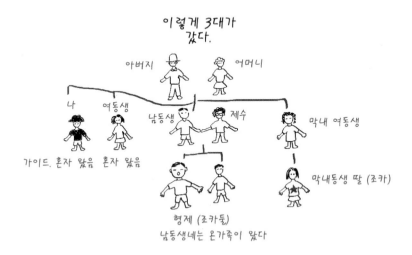

이렇게 3대가 갔다.

아버지   어머니

나   여동생   남동생   제수   막내 여동생

가이드. 혼자 왔음 혼자 왔음

형제 (조카들)

막내동생 딸 (조카)

남동생네는 온가족이 왔다

호치민 시 - 무이네 - 호치민 시. 이 코스로 잡았다. 부모님이 고령이라 차를 렌트해 다녔다. 더운 나라에서 어르신들을 걸으시게 할 수는 없다. 갑자기 화장실이 급할 수도 있다. 5박 6일 방문지 중 일부는 다음과 같다.

구찌 터널

호치민 시에서 북서쪽으로 40km 정도 떨어져 있다. 미군을 괴롭히던 땅굴이다. 항불전쟁 때부터 팠다. 길이가 200km 이상이며 캄보디아 국경까지 뻗어 있다. 민족해방전선 '베트콩'이 건설했으며 터널 안에 사령부, 병원, 부엌, 식당, 회의실 등이 있다.

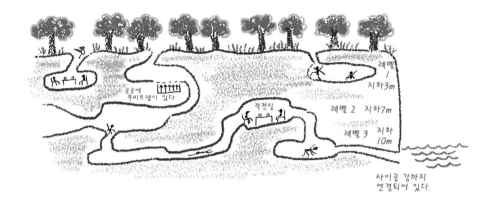

가로 50cm, 높이 70cm 터널은 덩치 큰 미군이 들어가기 어렵다. 미군은 터널을 파괴하기 위해 작은 병사들로 구성된 특수부대 터널 파괴 작전과 융단 폭격을 병행했지만 소용없었다. 터널은 깊고 광범위했으며 미로였다. 전쟁 중 1만 이상이 10년 이상 터널 안에서 생활했다. 낮에는 주로 터널 안에서 지내다 밤에는 미군을 공격했다.

일부가 관광 코스로 개방되어 있다. 폐소공포증 있는 사람은 들어가면 안 된다. 오래전 외국 관광객이 터널 안에서 심장마비로 사망한 사고가 있어서, 그 후 관광용으로 터널 폭과 높이를 확장했다 한다. 그래도 좁고 답답하다.

어머니는 20m마다 출구가 있는 것을 모르고 (빠져나오는 법을 몰라) 100m를 가셨다. 구찌 전사들은 전쟁 영웅이 되었지만 많은 사람이 긴 땅굴 생활 후유증에 시달렸다 한다. 베트남 학생들이나 공산당원 순례지이기도 하다.

무이네

무이네는 호치민 시에서 200여km 떨어진 어촌이다. 모래언덕이 있다. 그래서 관광지가 되었다. 마치 사막처럼 보인다. 바람과 모래가 만든 풍경이다.

랍스터를 먹었다. 일행 중 다수가 처음 먹는 음식이었다. 앞으로 먹을 일이 별로 없을 거라 했다. 두 명이 한 마리씩 먹었다. 부모님도 처음 드신다 했다. 기뻤다.

전쟁 유물관

호치민 시에 있다. 전쟁 유물관 옛 이름은 미국과 괴뢰 범죄 전시관

Exhibition House for US and Puppet Crimes이었다. 유물관은 베트남 전쟁 당시 미군 정보부 건물이었다. 아이로니컬하다. 호치민 시에 오면 늘 방문하는 곳인데 갈 때마다 사람을 지치게 한다. 전시된 사진의 음울함 때문이다. 미군이 저지른 행위에 대한 많은 사진이 있다. 끔찍한 사진 중 하나는 이것이다.

찢어진 시신을 들고 있는 미군

조카 중 한 명은 차마 볼 수 없다며 일부 전시실은 들어가지 않았다. 아버지가 말씀하셨다. "전쟁은 무서운 거야. 일어나지 말아야지." 나는 아버지로부터 이 말씀을 듣기 위해 베트남에 왔다고 생각했다.

여행을 마치고

나는 아버지를 몰랐다. (해물 좋아하시는 것은 알았지만) 닭을 좋아하신다는 것도, 국물 있는 음식을 좋아하신다는 것도 몰랐다. 불효자다.

아버지는 베트남 닭쌀국수를 좋아하셨다. 곱빼기로 드셨다. 아버지는 '아무거나' 먹어도 된다고 하셨지만 사실이 아니다. 아버지의 대화법에 적응하는 데 시간이 걸렸다.

일곱 살 막내 조카는 "엄마, 이게 꿈이야?"라고 했다. 아이가 느끼기에 풍광이나 분위기가 몽환적이었다고 나는 이해했다. 남동생은 사람

들이 왜 해외 배낭여행을 하는지 알겠다고 했다. 배낭여행자들이 보여
주는 자유로움 때문이었을 것이다. 어머니는 매 식사가 기뻤다 하셨다.
평생 밥 차리고 설거지하신 어머니는 끼니 준비와 설거지 등 뒤치다꺼
리 안 하니 너무 좋다 하셨다. 남이 차린 밥 먹으니 시간이 남는다 하셨
다. 매일 베트남 커피를 마셨다. 매일 쌀국수를 먹었다. 행복하다. 부모
님이 좀 더 젊으셨을 때 모셨어야 했다는 아쉬움이 있다. 이제라도 이
렇게 모시니 좋다.

낯선 경험

베트남 갈 때 숙소를 예약했다. 여자 넷, 남자 한 명이라고 했더니,
숙소에서는 여자들에게는 여성용 더블룸 둘, 내게는 도미토리를 잡아
주었다. 도미토리? 알뜰한 배낭여행자가 쓰는, 다인용 방에다가 화장
실도 공동으로 사용해야 하는 방 아니던가? 나는 홀로 쓰는 방을 원했
지만 현지에 도착해서 바꿀 요량으로 일단 그냥 출국했다. 막상 숙소에
도착하니 그 도미토리는 내 예상과 좀 달랐다.

여행,
나의 구루

방에는 이미 두 서양 여성이 투숙 중이었다. 독일에서 왔고 서로 모르는 사이로 이곳에서 만났다고 했다. 밝은 표정으로 내게 말을 걸었는데, 문득 이 도미토리를 써야겠다고 생각했다. 그 방은 3인실로 여타 도미토리보다 작았다. 투숙객은 거의 매일 바뀌었다. 독일 남자, 프랑스 여자, 베트남 여자, 모두 혼자 온 여행자들이었다. 도미토리에 묵는 것이 특별한 경험이 될 것 같다는 첫날 예상은 맞았다.

이성 투숙객이 불편해할까 봐 방 밖에 있는 공동 샤워실을 쓰기도 했는데 정작 이성 투숙객(들)은 개의치 않는 것 같았다. 어느 날은 남자 둘(독일 젊은이와 나), 여자 한 명(베트남), 이렇게 셋이 자기도 했다.

독일 젊은이
팬티만 입고
잔다.

베트남 아가씨
담요 덮고 잔다.
(가운데 침대)

한국 아저씨
반팔 입고
하체는 담요 덮었다.

그 여행은 모든 것이 좋았는데 특별함까지 갖춘 여행이었다. 낯선 상황은 두려워할 괴물이 아니라 즐겨야 할 포도주다.

내 시신을 화장하여 북부, 중부, 남부에 뿌려 다오

호치민은 항미 전쟁 중 죽었다. 항미전쟁은 보통 '베트남 전쟁'으로 부르는 전쟁이다. 호치민은 통일을 보지 못하고 죽은 것이다. 묘는 베트남 수도 하노이에 있다.

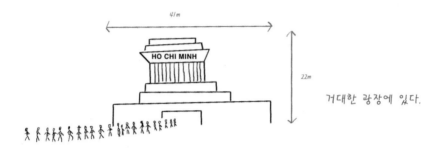

굉장히 크다. 참배객이 줄 섰다. 1년 중 몇 개월은 시신 방부처리 때문에 참배할 수 없다. 나는 운이 좋았다. 참배객은 반바지를 입어도, 미니스커트를 입어도 안 된다. 주머니에 손을 넣거나 팔짱을 끼는 것도 금지다. 총을 든 군인들이 지키고 있다. 안에 들어가면 무척 시원하다. 베트남에서 가장 서늘한 곳인 것 같다. 안은 어둡다. 유리관 안에 호치민이 있다.

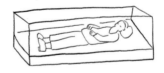

인민복을 입고 자는 듯, 누워 있다. 사진을 찍을 수 없고, 걸어가면서 보아야 한다. 멈추어 서서 볼 수 없다. 입구에서 출구 쪽으로 참배객 줄이 계속 움직인다. 호치민은 다음과 같은 유언을 남겼다.

내가 죽은 후에 웅장한 장례식으로 인민의 돈과 시간을 낭비하지 말라.

내 시신을 화장한 후 재를 세 부분으로 나누어 도자기 상자에 담아

하나는 북부에, 하나는 중부에, 하나는 남부에 뿌려 다오.

무덤에는 비석도 동상도 세우지 말라.

다만 소박하고 넓은, 튼튼한 통풍이 잘되는 집을 세워 방문객들이

쉬어 가게 하라.

방문객마다 추모의 뜻으로 한두 그루의 나무를 심게 하라.

세월이 지나면 나무들이 숲을 이룰 것이다.

호치민의 시신은 유언대로 되지 못했다. 화장해 달라는 부탁이 그리

어려운 것인가.

무기의 그늘

베트남은 이렇게 길게 생겼다. 남북 길이는 1,600km가 조금 넘는다.

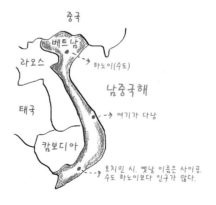

다낭은 베트남–미국 전쟁 당시 한국군이 주둔하던 곳이었다. '다낭' 발음이 뭔가 낭만적으로 들렸다. 다낭 근처에 한국군이 주둔했으며 황석영 소설『무기의 그늘』의 무대이기도 하다. 사이공을 방문할 때도 그랬다. 사이공이라는 말을 들으면 구엔반봉의『사이공의 흰옷』이 먼저 생각나 감상에 젖기도 했다.

다낭에 있는 5사단 박물관을 갔다. 이 박물관은 전쟁박물관 성격인데 한국인에게 잘 알려지지 않았다. 우리가 방문했을 때 관람객은 우리뿐이었다.

총, 대포, 미군으로부터 노획한 무기, 많은 전쟁 사진이 전시되어 있었는데 내 눈길을 끈 것은 그 사진 중 한 장이었다.

흐릿한 그 흑백사진에서 한 여인이 노래하고 있었다. 맨 좌측에는 또 다른 여인이 작은 가야금 같은 악기로 연주하고 있었다. 모두 군복 같은 옷을 입었고 그곳은 숲이 우거진 곳이었다. 나는 갑자기 위안부 할머니들이 생각났다. 조선 여성은 일본에 의해 전선에 위안부로 끌려가 성노예로 지냈고 베트남 여성들은 (전선에서 전투에 참가하거나 폭탄을 운반하기도 했지만) 많은 여성이 예술 선전대를 했다. 기억에 남는 사진이다. 저 사진을 보러 다낭에 왔나 싶다.

다낭에서 가까운 도시 호이안 근교 미선 유적지를 갔다. 옛 참파 왕국 신상들은 거의 머리가 없었다. 프랑스인들이 가져갔기 때문이다.

미선 유적지는 많이 파괴되어 제대로 남아 있는 것이 별로 없다. 마치 무너진 앙코르와트 같다 할까? 이것은 미국 폭격 때문이다. 유적군 곳곳에 미군 폭격으로 인한 구멍이 아직 남아 있다. 이 나라는 유적 하나를 보려 해도 제국주의와 전쟁을 빼고는 이야깃거리가 없을 정도이다.

'하미'와 '퐁니, 퐁넛' 두 곳을 찾아갔다. 이 마을들은 베트남-미국전쟁 당시 한국군이 비무장 민간인을 학살한 곳이다. 처음 가는 곳이라 차량을 대여해야 했다. 숙소에서 20km가 되지 않는 그 마을들을 차량 대여 업체 젊은 여주인은 모르는 눈치였다. 나보고 그곳에 왜 가느냐고 물었다. 관광지가 아니라서 그렇게 물었을 것이다. 나는 "비밀이야"라고 말했다. 부끄럽기도 했고 그 질문을 받자 가슴이 철렁하기도 했다. 그 여성은 내 앞에서 - 내가 한국에서 했던 것처럼 - 구글로 내가 말해 준 그 지명을 열심히 찾았다. 이것은 내가 원하던 바가 아니었다. 순식간에 모니터에 학살 희생자들 사진이 떴다. 나는 내심 당황했지만 그 직원은 무심해 보였다. 그런 사진에 익숙해서였을까? 아니면 젊은이라 전쟁을 모르고 관심이 없어서였을까?

마침내 우리는 차를 빌려 목적지에 갔지만 운전기사가 길을 몰라 수 차례 헤맸다. 추모비로 들어가는 길이 좁아 조금 걸어 목적지에 도착했다. 한국에서 보았던 희생자 사진 한 장이 생각났다. 당시 70여 명 희생자 중 한 명 사진이었다.

그것은 차마 눈을 뜨고 보기 어려운, 가슴을 도려낸 여성의 사진이었

다. 그 여성은 21살의 응우옌 티탄이었고, 응우옌 티탄 여동생 증언에 의하면 언니는 난자당한 후 하루를 더 살아 있었고 나지막이 엄마를 부르다가 숨을 거두었다고 했다.

향을 피웠다. 이곳 풍습에 따라 담배도 꽂았다. 사죄의 절을 올렸다.

80년대 중반 부르던 운동가요 중 '두부처럼 잘리어진 어여쁜 너의 젖가슴'이라는 가사를 가진 노래가 있었다. 한 여자 후배는 이 노래를 알게 되면서 두부를 먹지 않았다고 했다.

유일한 부상자

미라이는 베트남 남부 꽝응아이성＊ 마을이다. 1968년 베트남 전쟁 중 미군에 의해 500명 정도가 학살되었다. 희생자는 모두 비무장 민간인이었고 상당수는 여성과 아이였다. 일부 여성은 강간 후 살해되었다. 그곳에 추모관이 있다.

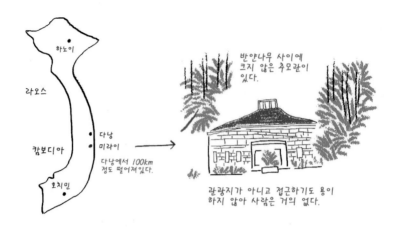

반얀나무 사이에 크지 않은 추모관이 있다.

하노이

라오스

캄보디아

다낭
미라이
다낭에서 100km
정도 떨어져 있다.

호치민

관광지가 아니고 접근하기도 용이
하지 않아 사람은 거의 없다.

추모관 안에는 사망자 이름이 적힌 커다란 검은색 비석이 있고, 학살된 어린이, 신체가 절단된 시신, 강간 직후 여성(사진 속 강간당한 여성은 사진 찍힌 후 곧 학살됨) 등 참혹한 사진들이 전시되어 있다. 그 가운데 유독 내 눈길을 끄는 사진이 있었다.

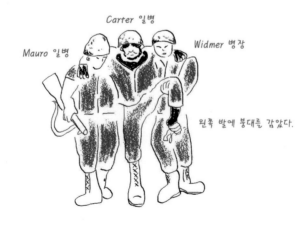

Carter 일병

Mauro 일병

Widmer 병장

왼쪽 발에 붕대를 감았다.

여행,
나의 구루

양쪽에서 동료들의 부축을 받으며 현장을 빠져나가는 미군 병사. 이 학살 '작전'의 유일한 부상자 카터 일병이다. 카터 일병은 45구경 권총으로 자기 발을 쏘았다. 나는 카터 일병이 왜 자기 발을 쏘았는지 알 것 같다. 아마 내 짐작이 맞을 것이다.

결자해지

캄보디아 씨엠립에는 유명한 크메르 왕국 시절의 유적이 있다. 앙코르와트다. 대략 1,000년 전 유적들이다. 앙코르와트를 보고

안젤리나 졸리가 영화 〈툼레이더〉를 찍었던 사원 따프롬Ta Prohm도 갔다.

툼레이더 템플(Tomb raider temple)
이라고 알려져
있어요

이런 풍경이 어떻게
가능하다는 말인가?

세월이 삼킨 사원.
이 나무가 유적을 파괴하는 것이
아니라, 유적을 지탱하고 있다는
주장도 있어요.

인상적인 것은 아키라 지뢰 박물관이었다.

뒤에는
박물관,
학교 등이
있고

그 앞에
정자처럼 생긴 이곳 안에
빼곡히 있는 것은 지뢰이다.

아키라는 캄보디아 사람이다. 본명은 옹 엑이다. 아키라는 어느 일
본인이 지어준 이름이다. 아키라는 자신이 언제 태어났는지 모른다.
1970년이나 1973년 태어났을 거라고 추정할 뿐이다. 아키라는 크메
르 루즈 소년병이었다. 캄보디아 곳곳에 지뢰를 매설하며 소년기를 보
냈다.

캄보디아에는 아직도 농사를 짓다가 지뢰가 터져 장애인이 되는 어
른, 장난감처럼 지뢰를 가지고 놀다가 불구가 되는 어린이가 생기고 있
다. 캄보디아에는 아직 600만 개의 지뢰가 묻혀 있다. 1,000만 개라는
주장도 있다.

전쟁이 끝나고, 아키라는 스무 살 즈음부터 홀로 5만 개 정도의 지뢰를 제거했다. 지뢰 박물관 입장료로 지뢰 피해 어린이들을 돌본다. 아이들은 박물관 옆에 산다.

그가 이 일을 시작한 것은 죄책감 때문이었다. 어릴 때 소년병으로 끌려가 아무것도 모르고 단지 어른들에게 칭찬받는 것이 좋아 지뢰를 묻다가 이제는 지뢰 제거 강사로, 지뢰 피해자의 돌보미로 살고 있다. 우울증과 악몽을 겪고 있는, 그 자신이 전쟁 피해자이기도 하다. 아키라는 (설령 모르고 죄를 저질렀더라도) 과거를 뉘우칠 줄 아는 사람이다. 그것이면 족하다.

'순수한 의미'의 트레킹

태국을 처음 가는 사람은 방콕(과 근교)을 갈 것이고, 두 번째 간다면 치앙마이를 가게 될 것이다. 치앙마이는 태국에서 두 번째로 큰 도시다. 태국 북부에서 가장 큰 도시이며 방콕에서 700km 정도 떨어져 있다. 치앙마이는 코끼리 트레킹으로 유명하다.

얕은 개울을
첨벙거리며
간다고 한다.

나는 이것이 동물학대라고 생각한다. '순수한 의미'의 트레킹을 하기로 했다. 그런 트레킹은 빠이에서 한다. 빠이는 치앙마이에서 북서쪽으로 약 145km 거리에 있다. 인구는 2천 명 남짓이고 좌우로 2km 정도 되는 작은 도시다.

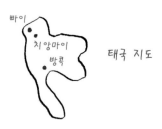

트레킹은 상당히 단조롭다. 가이드를 따라 걷고 또 걸으면 된다. 개울이 나타나면 신을 벗거나 바지를 걷고 건너면 된다.

빽빽한 잡목과 풀이 나타나면 가이드가 앞서 헤치고 나간다. 가이드 뒤통수만 보고 따라가면 된다. 진정 에코 트레킹. 바나나와 콜라를 사라는 상인도, 코끼리도, 뗏목도 없다. 그냥 걸을 뿐. 함께 트레킹했던 D가 말했다. 빼곡한 숲을 지나, 휴식 때 가이드 가슴을 보니 온통 거미줄이라고. 그 거미줄은 우리 옷에 묻었어야 하는 것이었다.

가지 못한 곳

1990년대 초반, 신혼여행을 필리핀으로 갔다. 인터넷도 없었고 정보도 부족해 가이드북을 복사해 다녔다. 신혼부부들은 제주도로 여행을 가던 때였다. 외국으로 신혼여행을 가는 부부는 드물었다. 특히 필리핀이라니. 일주일 일정에 두 명의 개별 여행자와 한 팀의 한국인들을 우연히 만났을 뿐이다. 배낭여행으로 갔다. 우리 부부는 해외여행이 처음이었기 때문에 모든 것이 낯설었다. 필리핀에 갔다고 했지만, 사실 마닐라에만 있었다. 필리핀에 보라카이라는 휴양지가 있다는 것도 도착해서야 알았다. 마닐라를 빠져나가는 법을 몰라 (지금도 배낭여행자가 대중교통으로 마닐라 시외로 가는 것은 쉽지 않다) 시내만 뱅뱅 돌다가 어떤 외국인 남자를 만났다. 그 남자는 자기가 호주 어느 대학의 교수라고 했다. 첫 외국 여행지라 긴장했던 우리는 그 남자가 대학교수라는 말에 경계심이 무장해제 되었다. 우리는 신혼여행을 왔으며 첫 해외여행이고, 어디를 가야 할지 몰라 마닐라만 돌아보고 있다 했다. 듣자 하니 마닐라에서 멀지 않은 곳에 푸에르토 아줄이라는 해변이 있는데 가는 법을 아느냐고 물었다. 그 남자는 자기가 잘 알고 있으며 돈을 주면 교통편을 예약해 주겠다고 했다. 우리는 돈을 건넸고 다음 날 아침 그 남자가 묵고 있는 호텔 로비에서 만나기로 했다.

뭔가 이상하다고 생각한 것은 돈을 건넨 후, 그와 헤어지고 나서였다. 홀린 것 같았다. 역시 그 외국인 남자는 다음 날 약속 장소인 호텔 로비에 나타나지 않았다. 물론 그 호텔에 그 외국인 남자 이름을 가진 투숙객도 없었다. 첫 해외여행, 신혼여행에서 사기를 당했다.

젊은 우리를 혼미하게 만든 것은 무엇이었을까? 첫 해외여행이 주는 몽환 분위기였을까? 마닐라 더운 날씨 때문이었을까?

그보다는 그 외국인 남자(사기꾼)가 호주 대학교수라는 말을 믿었기 때문이다. 그 남자가 (거짓이었지만 그때는 사실로 믿은) '선진국 대학교수'라는 신분 위력이 판단력을 흐리게 했다.

그 섬 서쪽

필리핀을 여러 번 여행했다. 여러 섬 중 민도로섬을 좋아한다. 필리핀은 이렇게 생겼다. 7천 개가 넘는 섬으로 이루어져 있다.

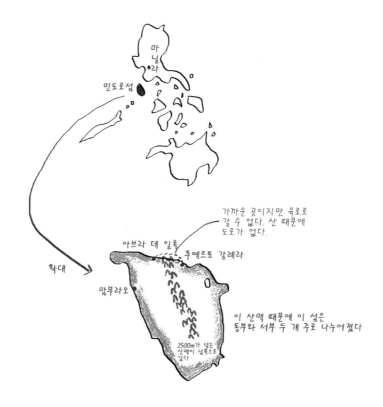

민도로섬은 마닐라에서 멀지 않다. 민도로섬은 위 그림처럼 생겼다. 갈 때마다 섬 동편 푸에르토 갈레라로 갔다. 여행자는 거의 100% 저곳을 간다. 아름다운 해변, 멋진 식당과 바, 쓸만한 숙소는 모두 섬의 동북편에 몰려있다. 그 섬의 서쪽에 가고 싶었다. 그곳에 가기 위해서는 아브라 데 일록이라는 곳으로 배를 타고 가야 한다.

아브라 데 일록으로 가는 배를 탔을 때 직원이 물었다. 아브라에 가는 것이 맞느냐고. 외국인이 거의 가지 않는 곳이라 물었을 것이다. 배에는 온통 필리핀 사람들이었고 우리를 제외한 외국인은 보지 못했다.

여행 정보도 많지 않았다. 그 섬 서쪽 주도主都 맘부라오에 있는, 점찍어 둔 리조트로 향했다. 인터넷으로 확인한 바에 의하면 그 리조트는 에어포트 로드 옆에 있었다. 흙길을 달리던 트라이시클(필리핀의 삼륜 오토바이 택시) 기사가 다 왔으니 내리라 했다. 자정이 넘은 시각이었고 흙시골 길을 달리던 중이라 의아했다. '분명 주소가 에어포트 로드라고 되어있었는데 웬 시골인가?' 기사가 맞았다. 그곳이 그곳이었다.

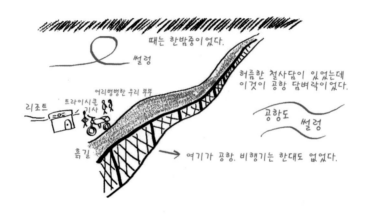

그 리조트는 식당이 없었다. 근처에도 식당이 없었다. 리조트 주인 (혹은 관리인) 여성에게 밥을 해 달라고 했다. 여인은 손님을 위해 밥을 한 적이 없기 때문에 무엇을 준비해야 하는지, 얼마를 받아야 하는지 모른다고 했다. 밥과 생선, 계란 프라이를 해 달라고 했다. 계속 그렇게 먹었다. 밥값은 나중에 후하게 쳐주었다. 투숙 손님은 우리뿐이었다. 아내는 난생처음 그곳에서 비키니를 입고 발이 닿지 않는 풀장에서 자기 힘으로 헤엄을 쳤다.

민도로섬은 제주도 여섯 배 크기의 섬이고, 맘브라오는 서쪽의 주도였지만 제대로 된 카페 하나 발견하지 못했다. 리조트에서 만나 놀던 현지 대학생들이 말했다. 외국인과 이야기하는 것이 처음이라고. 해변이 아름답지 않고 편의시설이 거의 없었지만 처음인 것이 여럿 있었다. 처음 입은 비키니 차림으로, 처음으로 2m 깊이의 풀장에서 자력으로 수영한 아내, 처음으로 외국인과 대화를 나누어 보았다는 대학생, 처음으로 손님에게 밥을 해 준다는 리조트 매니저 등. 여행을 하다 보면 관광지가 아닌 곳을 가고 싶다는 욕구가 생긴다. 그것은 낯선 경험이다. 낯선 일은 사람을 살짝 흥분시키고 설레게 한다.

게슈탈트 심리 치료를 공부했을 때 배운 말 중 "감정은 선택하는 것"이라는 말이 기억에 남는다. 사람들은 비난을 들을 때(상대방에 대해 연민 마음을 갖기보다는) 분노하며, 낯선 상황에 맞닥뜨렸을 때(호기심을 갖기보다는) 두려운 감정을 가지는데 이런 감정은 저절로 떠오르는 것이 아니라 당사자가 '분노'와 '두려움'이라는 감정을 선택한다는 것이며, 이렇게 부정적인 감정을 선택하도록 길들여져서 그것이 자연스러운 감정인 양 착각하고 산다. 평생. 상담 선생님은 그것을 '각본'이라 불렀으며 삶의 과제 중 하나는 그 각본을 지우는 것이라 했다. 그 말이 내게 용기와 변화를 주었는데, 나같이 여행을 좋아하는 사람에게는 더욱 그러했다. 나는 거의 매년 낯선 곳을 여행한다. 보통 이런 낯선 곳을 여행할 때 사람들은 긴장하고 걱정한다. 하지만 낯선 곳을 방문한다는 일은 신나고, 신선하고, 기쁜 일이기도 하다. 그럼에도 많은 사람들이 부정적 감정을 '선택'한다. 본인의 의지에 의해. 부정 감정은 '저절로' 일어나는 일이 아니다. 나는 그 말이 좋았다. 그래서 나도 감정을 선택하며 살기로 했다.
영화 〈매트릭스〉에서 모피어스가 주인공에게 찾아와 빨간 약과 파란
약을 보여 주며 둘 중 하나를 선택하라고 한다.

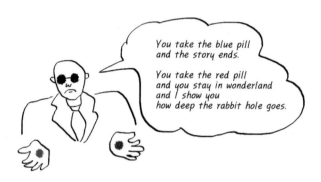

You take the blue pill
and the story ends.

You take the red pill
and you stay in wonderland
and I show you
how deep the rabbit hole goes.

파란 약을 먹으면 이야기는 끝나.
(침대에서 깨어나고 넌 네가 믿고 싶은 것만 믿게 돼.)
빨간 약을 먹으면 너는 이상한 나라에 남게 돼.
난 네게 토끼굴이 얼마나 깊은지 보여줄 것이고.

삶의 매 순간이 선택이라 하지만 감정조차 선택할 수 있다는 가르침
은 내게 많은 도움이 되었다. 나처럼 낯선 곳을 계속 여행하는 사람에
게는 더욱. 나는 지금도 감정을 선택하며 살려고 애쓴다. 감정에 휘둘
려 감정의 노예로 살지 않으리라.

낯선 일은 사람을 살짝 흥분시키고 설레게 한다. 낯선 일은 두려운
일이 아니다.

깊은 산속 라이스 테라스 누가 와서 만들었나요

필리핀을 자주 다니는 K선배가 말했다. "필리핀 북부에 2000년 된 거대한 계단식 논이 있어."

"와우! 멋지겠다. 형, 가봤어?"

"아니."

그 이야기를 듣고 한 번 가 보고 싶었다. 다녀온 사람 말로는 볼만한데 가는 길이 멀다고 했다. 계단식 논이 있는 곳은 바나우에였다. 마닐라에서 390km, 버스로 9시간 정도 걸린다. 토착 원주민 이푸가오족이 2,000년 전, 그러니까 예수 시대부터 거의 맨손으로 해발 1,500m 고지대에 만들었다. 논둑을 다 이으면 지구 반 바퀴가 된다. 세계 8대 불가사의라고도 한다. 우리나라에도 다랑이 논이 있지만 바나우에에 있는 것은 규모가 다르다. 지리산을 깎아 놓은 것 같다.

이곳은 군주나 절대적 지배자가 없었다. 평화롭고 풍요로운 사회를

이루고 살았다. 부유한 가족 및 혈족이 지배하는 체제였고 원로 회의가 부족을 이끌었다. 갈등을 가능한 평화로운 방식으로 해결했다. 그 시대 아시아 최고의 농업기술을 가지고 있었다. 스페인 식민지 개척자들과 수백 년간 전쟁했다.

2차대전 마지막 해, 이 지역은 미국과 일본 사이에 벌어진 전투의 중심지였다. 일본군이 최후까지 숨어 있던 곳이다. 그만큼 오지다. 일본군은 미군에 항복했지만 전장으로 변한 이곳에서 많은 원주민이 죽었다. 동남아 여행지는 슬픈 역사가 있는 곳이 많다.

원주민들은 2,000년 전 말레이-폴리네시아에서 이곳으로 배를 타고 온 사람들이다. 안전하게 살아남기 위해 산속으로 깊이깊이 들어가다가 이곳에 정착했을 것이고 먹고살기 위해 산을 깎아 논을 만들었을 것이다. 강인한 지배 종족이 이렇게 첩첩산중에 숨어들어 산을 깎아 논을 만들었을 리가 없다. 힘 있는 부족이었다면 해안 평지에 자리 잡았을 것이다.

다이달로스의 미로

필리핀 북부에 사가다라는 곳이 있다. 마닐라에서 400km가량 떨어진 곳으로 버스로 10시간 정도 간다. 아름다운 곳이다. 고지대에 있다. 4명이 방문했다. 숙소를 잡아야 하는데 욕구가 다 달랐다.

A 가격이 싸야 해.

B 풍경이 좋아야 해.

C 음식이 맛있어야 해.

D 와이파이가 되어야 해.

이처럼 사람들의 욕구는 각각 다르다. 이곳은 매달린 관hanging coffins과 길고 깊은 동굴로 유명하다. 매달린 관은 이곳 풍습으로 관을 땅에 묻지 않고 절벽에 매다는 장례 방법이다. 동굴 탐험은 서로 연결되어 있는 수마깅 동굴과 루미앙 동굴을 보는 것인데, 탐험이라 할 만하다.

긴 투어와 짧은 투어가 있는데 긴 투어를 했다. 긴 투어를 추천한다. 이게 진짜다. 4시간 정도 걸린다. 폐소공포증이 있는 사람은 할 수 없다. 단단한 신과 가이드는 필수다. 가이드가 없다면 당신은 길 잃어 죽을 수도 있다. 2017년 사망사고로 동굴 투어가 중지된 적 있다. 투어는 루미앙 동굴에서 시작하여 수마깅 동굴로 나오는 코스다. 동굴 입구의 관을 보여주는 것으로 시작한다.

이렇게 원기둥 비슷한 관들이 쌓여있다.
(이것은 매달린 관과는 다른 것이다)

부서진 관 안에
인골이 보인다.

가이드는 20대로 보이는 젊은이였다. 가이드가 휘발유 랜턴을 켠다. 오로지 그 등에 의지하여 탐험한다. 힘들다. 굴 안에는 어떤 조명도 없다 오로지 가이드 랜턴만 보고 간다.

바위를 오르내리고, 바위틈을 기어야 한다. 첨벙첨벙 잘 보이지 않는 개울을 걷기도 한다. 때로는 가이드 어깨를 밟고 바위를 기어오른다. 조명에 비친 동굴 속 풍경은 아름답다. 탐험을 마치면 바깥세상으로 올라간다.

테세우스는 미노타우로스를 죽이고 명주실로 미궁의 길을 찾아 빠져나갔는데, 명주실도 없이 이 길을 개척한 이름 모를 사가다의 가이드

에게 존경을 표한다. 짜릿하고 무섭다. 그래서 다시 가고 싶기도 하고, 다시 가고 싶지 않기도 하다. 어느 집단의 단합을 꾀하는데 최고라는 뜬금없는 생각을 했다. 그러나 오오, 다시 사가다를 방문하면 또 동굴 탐험을 하게 되겠지. 그것도 긴 투어로.

산호 해변

여러 이야기를 들은 끝에, 세상에서 가장 맑은 바닷물이 있는 곳이 태국 동부의 꼬따오가 아닐까 하는 생각을 하게 되었다. 꼬는 섬이라는 말이고 따오는 거북이라는 말이니 꼬따오는 거북이섬이라는 뜻이다. 섬이 거북이처럼 생겼다.

꼬따오로 가려면 방콕에서 버스로 9시간, 다시 배로 2시간 정도 가야 한다. 그 배에 한국인은 우리밖에 없었다. 날치가 배를 따라온다. 우리는 그때 날치를 처음 보았다. 바닷물은 수돗물처럼 맑다.

꼬따오에서 스노클링을 신청하면 꼬낭유안으로 간다. 꼬낭유안은 꼬따오의 부속섬이다. 꼬낭유안은 섬 세 개가 산호 모래 해변으로 연결된 독특한 곳이다.

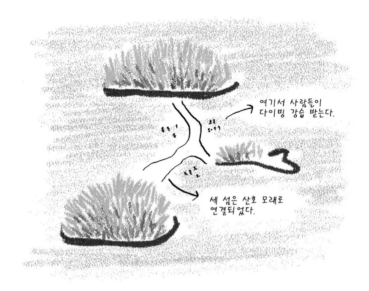

여기서 사람들이 다이빙 강습 받는다.

세 섬은 산호 모래로 연결되었다.

산호해변은 아주 오랜 시간에 걸쳐 형성되었지만 관광객들로 인해 망가지고 있다. 우리도 망가뜨린 사람 중 일부겠지.

연극이 끝난 후

필리핀 마닐라에는 중국인 묘가 있다. 이 묘지는 필리핀이 스페인의 식민지였을 때 천주교 묘지에 묻히기를 거부한 화교들이 잠들어 있는 곳으로 오래된, 넓은 곳이다.

말이 묘지이지 커다란 마을이었다. 묘는 가옥형태로 만들어졌다. 묘실(집)에는 화장실이 있는 곳도 있다. 화장실 안에는 세면대와 변기도 있다.

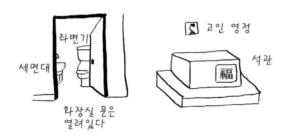

이곳은 중국어로 화교의산華僑義山이라고 한다. 부유한 화교들이 잠들어 있다. (당연한 이야기이지만) 아주 조용하다. 아내는 이곳이 인생이라는 연극이 끝난 후 모습 같다고 했다.

자연이 삼킨 마을

필리핀을 좋아해서 여러 번 갔다. 신혼여행이자 첫 해외여행도 필리핀이었다. 필리핀이 위험한 나라라고 하는데, 마약과 범죄에 연루되지 않으면 (우리나라와 마찬가지로) 안전한 나라이다. 수도 마닐라를 벗어나면 (다른 나라와 마찬가지로) 더욱 순박한 사람들을 만날 수 있다.

마닐라 북서쪽의 마빠누에뻬 호수를 찾아갔다. 이 호수에 물에 잠긴 교회가 있다는 이야기를 듣고 나서였다. 호수 동쪽에 피나투보산이 있다. 1991년 갑자기 폭발했다. 화산재와 바위기둥이 공중으로 40km 날아갔고, 산 정상부가 300m 날아가는 바람에 산 높이도 낮아졌다. 이 폭발로 물길이 바뀌어 산 서쪽 잠발레스 지방은 새로 형성된 마빠누에뻬 호수 아래로 가라앉게 되었다.

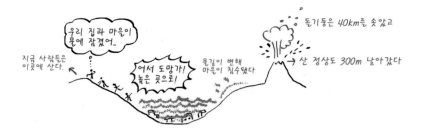

보트를 빌려 호수 한가운데 있는 교회에 접근했다. 기괴한 풍경이었다. 이 교회는 이 지역에서 가장 큰 교회였다고 했다. 그것은 마치 절대자의 능력이 인간이 만든 건물, 인간이 만든 성전을 삼켜 버린 모습이었다.

비밀 전쟁

라오스는 〈꽃보다 청춘〉이라는 프로그램 방영 전후로 나뉘는 것 같다. 처음 라오스를 방문했을 때 라오스는 한국인에게 그다지 알려지지 않은 곳이었다. 자연이 아름다웠다. 한국인은 거의 만나지 못했다. 나는 특히 방비엥이라는 곳에 매료되었다.

몇 년 후 다시 방문한 방비엥은 많은 한국인과 파헤친 공사현장의

도시였다. 현지 여행사 직원이 말했다. "네 나라 덕택에 돈을 벌었다"라고. 〈꽃보다 청춘〉 프로그램이 현지 여행사 직원에게는 기쁜 소식이었겠지만 나는 아쉬웠다. 자연은 여전히 아름다웠지만 곳곳에 건물이 서고 있었다.

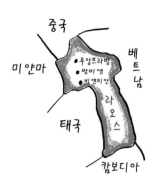

라오스는 이렇게 생긴 내륙국이다. 다섯 나라에 둘러싸여 있다. 수도 비엔티안 – 자연이 아름다운 방비엥 – 우리나라 경주에 해당하는 루앙프라방 순으로 여행했다.

슬픈 마음으로 방비엥을 떠나 루앙프라방으로 갔다. 루앙프라방의 새벽은 탁발로 유명하다. 많은 승려들이 절에서 나와 탁발을 하는데 긴 행렬이 장관이다.

신자들은 무릎을 꿇고 공손히 시주한다. 그러나 다시 방문한 루앙프라방에서 시주하는 사람의 반 이상은 관광객이었다. 현지 상인들은 시주할 밥, 사탕, 과자 등을 팔고 있었다. 전에는 보지 못했던 풍경이었다. 낯설었다.

밤에는 주로 야시장에서 쇼핑을 하는데 예나 지금이나 주 고객은 관광객이다. 야시장에서 전에 방문했을 때 보지 못했던 물건을 보았다. '비밀 전쟁'이라는 물건인데 불발탄으로 만든 열쇠고리라는 설명이 있었다. 그 열쇠고리는 다른 기념품보다 비쌌고 수익금을 불발탄 희생자를 위해 사용한다고 한다. 그때 처음 '시크릿 워'라는 말을 알게 되었다.

베트남과 미국이 전쟁할 때 북베트남군은 전쟁 물자를 라오스를 통과하는 '호치민 루트'를 통해 수송했는데 미국이 이 통로를 차단하기 위해 1964년부터 1973년까지 10년간 50만 번이나 폭격을 했다. 통계상 8분 단위로 폭격했다. 미국이 베트남전 종전까지 이 전쟁을 부인해 시크릿 워라는 이름이 붙었다. 여기에 사용된 것이 집속탄이라는 악명 높은 폭탄이었다. 집속탄의 불발률은 30%에 이르러 라오스는 세상에서 가장 많은 불발탄을 안고 사는 나라가 되었다. 지금도 8천만 발이 남아 있다. 라오스 인구는 7백만이 되지 않는다. 인구 1인당 10개 이상 불발탄이 있다. 17개의 행정구역 중 15개 지역이 불발탄 오염지대이다.

라오스를 다니면서 아름다운 풍경에 취했지 이 나라가 이렇게 아픈 현실을 안고 살고 있는지 몰랐다. 미안해졌다. 그 열쇠고리를 샀다. 그 열쇠고리가 진짜 불발탄을 재료로 만든 것인지, 판매금액이 정말로 피해자 돕기에 쓰이는지 모르겠다. 하지만 그렇게 믿었다.

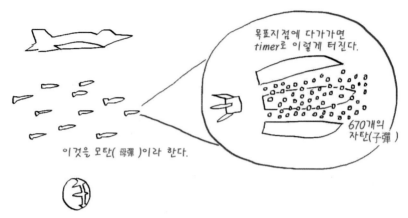

목표지점에 다가가면 timer로 이렇게 터진다.

670개의 자탄(子彈)

이것을 모탄(母彈)이라 한다.

야구공보다 작은 자탄(子彈)은 이렇게 생겼는데 여기에 200~300개의 파편이 박혀있다.

〈꽃보다 청춘〉 전, 후의 라오스는 '조용하고 아름다운 풍경' vs '파괴되는 환경'이었지만, 내게 라오스는 비밀전쟁을 알기 전후로 나누어진다. 동남아는 아픈 현대사를 가진 여행지이다.

여행을 마치고
몸으로 돌아오면

이렇게 날씨가 좋잖아

팜플로나는 산티아고 순례 도상에 있는 도시이다. 인구 20만 대도시이다. (산티아고 순례길 800km 중 인구 10만이 넘는 도시는 네 개뿐이다.) 그 도시에 걸어 도착한 날은 5월 어느 토요일이었다. 거리가 시끄러웠다. 몹시 시끄러웠다. 사람들이 떠드는 소리였다. 거리마다 사람들이 서서 술병을 하나씩 들고는 대화를 하고 있었다. 도시 모든 주민이 거리로 나온 듯했다. 무슨 축제 기간일까? 이유를 물었는데 영어를 할 줄 아는 사람이 없어 답답했다. 영어를 하는 젊은 여자가 있었다. 내 질문에 대답했다.

어이없었다. 이 도시는 5월 한 달 평균 열흘간 비가 온다. 마치 삶을 즐기기로 준비한 사람들 같았다.

실패한 도시

페트라는 요르단에 있는 세계 불가사의 중 하나이다.

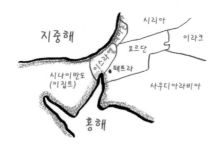

페트라는 10만 원 정도의 입장료를 내고 들어간다.

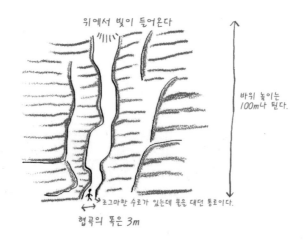

여행,
나의 구루

바위 사이 협곡을 1km 조금 더 걸으면 알카르네(보물창고)라는 건물이 나온다.

학자들은 이곳이
무덤이었을 것이라고 합니다.

아름다워. 보고도 믿을 수가 없다.

높이 40m가 넘는 이 건축물은 피라미드처럼 벽돌을 쌓은 것이 아니고 거대한 바위를 깎아 들어가며 판 것이다. 정말 보물이 있을 것이라고 믿은 사람들이 그 보물을 차지하기 위해 총격전을 벌인 적이 있어서 위쪽에는 총탄 자국도 있다.

이곳은 영화 〈인디아나 존스 - 마지막 성전〉의 무대이기도 하다. 방문하기 전 그 영화를 다시 보았다.

2,000년 전에 25,000명의 사람이 살던 곳이었다. 해발 1,000m의 고지에 이 도시(국가)를 세운 것은 방어에 유리할 것이라는 생각 때문이었을 것이다. 바울이 쓴 편지에 이런 글이 있다.

나보다 먼저 사도가 된 사람들을 만나려고 예루살렘으로 올라가지도 않았습니다. 나는 곧바로 아라비아로 갔다가, 다마스쿠스로 되돌아갔습니다(갈라디아서).

이 말은 바울이 부활한 예수를 만난 직후 행적을 보여 주는 말이다. 바울은 예수를 '보았'는데, 그것은 깨달음의 순간이라고 할 수 있다. 그가 깨달은 다음 가장 먼저 한 것은 아라비아로 가는 것이었다.

신학교 교수님은 여기서 바울이 말한 '아라비아'가 나바테아 왕국이라고 했다. "바울이 예수를 만난 후 아라비아 사막으로 가서 기도 생활을 했다"라고 말하는 사람이 있다더라. 선생님은 그것이 아니라고 했다. 바울이 깨달은 다음 맨 처음 한 것이 나바테아 선교라고 했다. 그러나 아무 성과가 없었기에 다시 등장하지 않는 지명이 되었다 했다. 그 나바테아 왕국이 이 페트라이다. 바울이 처절하게 선교에 실패한 지역, 아무 열매가 없었던 곳. 나는 페트라에서 성과 없었던 그의 활동을 생각했다.

의심이 흐르는 땅

성지순례를 갔다. 이스라엘은 이렇게 생겼다.

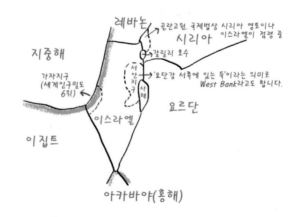

이스라엘은 전라남북도 크기로 크지 않은 나라이다. 남한의 1/4정도다. 이집트에서 도보로 국경을 넘어 이스라엘로 갔다. 국경심사 때 까다롭고 악명높은 인터뷰도 했다.

이집트 가이드가 이스라엘 국경 인터뷰에서 영어 못 알아듣는 척해야 빨리 통과된다고 해서 입 꾹 다물고 있었다. 그랬는데도 이상하게 나만 따로 불러 입국 인터뷰를 했다. 일행 중 한 명은 엑스레이 검색대에서 수상한 금속성 물체가 감지되어 가방이 열리고 속옷까지 끄집어내어지는 수모를 당했는데 범인은 바로 깻잎 통조림이었다. 이렇게 들어간 이스라엘, 사해에 몸도 담갔다.

그리고 안식일이 되었다. 나는 사야 할 물건이 있었는데 안식일이라 모든 상점이 문을 닫았다. 큰 사거리에 가니 문을 연 상점이 있었다. 아랍인이 운영하는 상점이었다. 아랍 상점은 안식일에 문을 연다. 이스라엘 화폐가 없어 달러로 지불해야 하는데 점원 아가씨가 영어를 못 알아들었다. 옆에서 이미 반쯤 취한 노인이 술을 고르다가 내게 무슨 어려움이 있느냐고 물었다. 내가 사정을 이야기하자 그는 자기가 돈을 지불할 테니 달러를 달라고 했다. 난 필요한 물건을 사고 그에게 4달러를 주었다. 내게 크리스천이냐고 물어보더니 그렇다고 하자 어느 나라에서 왔느냐고 물었다. 한국인이라고 하자 자기 책이 한국어로 출판되었다고 했다. 뭐라고요? 정말이었다. 귀국해서 확인해 보니 그의 책이 '3가지 원리'라는 제목으로 출판되었다. 소개는 다음과 같이 되어 있었다.

로렌스 토브

역사가. 미래학자. 1936년 미국 뉴저지주 출생. 소르본느 대학에서 역사학, 정치학, 프랑스어를 배웠다. 20년 정도 일본에서 생활했으며 자신의 이론이 현장에서 어떻게 이루어지는지 확인하기 위해 이스라엘로 이주했다. 일본의 경제서적 베스트셀러 작가 칸다 미사노리는 로렌스 토브를 '일본에 사는 엘빈 토플러'라고 극찬했다. 10개 국어에 능통하다.

예루살렘 거리에서 석학을 만난 것이다.

그리고 팔레스타인과 이스라엘을 나누는 분리장벽을 보았다. 나중에 '진격의 거인'이라는 만화를 보았을 때 그 애니메이션에 등장하는 거대한 장벽이 팔레스타인 분리장벽을 보고 만든 것이 아닌가 하는 생각이 들 정도였다.

성지순례의 하이라이트는 예수 탄생지, 그 유명하다는 비아돌로로사(예수 수난의 길)를 갔지만 별 감흥은 없었다. 한국 순례객 몇이 찬송가를 부르고 기도를 하고 있었다. 예수의 시신을 끌어내려 눕혔다는 돌을 보니 슬펐다. 돌판에 머리를 대고 한참을 기도했다. 눈물이 나려 했다.

통곡의 벽, 예수가 세례 받으셨다는 요단강, 나사로가 살아난 곳에 지었다는 교회, 예수가 물을 포도주로 바꾸셨다는 '가나의 혼인잔치' 도시 가나(포도주를 팔고 있다), 갈멜산, 갈릴리 호수를 갔다. 별 감흥은 없었다.

'베드로 고기'라 이름 붙여 순례객에게 파는 생선.
갈릴리 호수는 어업 금지 구역이라 양식한 물고기이다.

나사렛은 기억에 남는다. 예수 고향 나사렛은 당시에는 작은 마을이었다는데 지금은 규모 있는 아랍 도시이다. 이스라엘화된 이스라엘 시민권을 가진 아랍 사람들이 많이 사는 곳이다. 아랍인이 주민의 60% 정도 된다. 이곳에도 천사가 마리아에게 임신을 알린 수태고지교회, 예수의 부친 요셉 기념교회도 있었지만 나는 그냥 쓰레기통이 있고 택시가 달리는 그 거리가 좋았다.

야호~

그냥 평범한 거리

여기가 그분 고향이라니! 감격스러웠다.

놀랍게도 이 도시 주민 70%는 무슬림, 나머지 30%는 기독교인이었다. 유대교 신자가 거의 없는 지역이다. 유대인을 향한 예수의 저주인가? 팔레스타인에 대한 예수의 축복인가?

순례를 마치고 요르단으로 넘어갈 때 검문소 근처에서 음료를 마시기 위해 자판기 쪽으로 가는데 수비대 직원이 소리를 지르며 내게 뛰어왔다.

"Is this yours? Keep your belongings with you all times!"(짐을 항상 들고 다니라고!)

나중에 알았다. 이스라엘에서는 따로 떨어져 놓여 있는 가방을 폭탄으로 간주한다는 것을. 내가 그 땅에서 본 것은 젖과 꿀이 아니라 의심이었다.

여행을 마치고 몸으로 돌아오면

투탕카멘은 지금부터 약 3,300년 전 살았던 이집트 왕이다. 황금마스크로 유명하다.

새모양 ← → 뱀(코브라) 모양

전체적으로 황금빛

투탕카멘은 카이로 이집트 박물관에 있다. 가이드는 "오늘 여러분이 평생 보았던 금보다 더 많은 금을 보게 될 것입니다"라고 했다. 그 말은 맞았다. 마스크는 11kg 금과 터키석 같은 보석으로 장식되었다. 사진은 찍을 수 없다. 눈에 담아 와야 한다. 투탕카멘은 유명한 파라오가 아니다. 18세에 죽은 어린 왕이다. 마치 단종처럼. 열 살에 즉위하여 이미 출산 경험이 있는 이복 누나 안케세나멘과 결혼했다. 이집트 왕가는 순혈 유지를 위해 근친혼을 했는데, (친누이든 이복누이든) 남매간, 부녀간에도 했다. 투탕카멘의 이른 죽음이 근친혼으로 인한 질병 때문이라는 주장이 있다. 다른 왕에 비해 무덤이 초라해 도굴꾼을 피할 수 있었다.

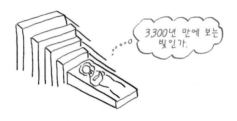

1922년, 러시아 인형처럼 5중으로 된 관에 황금 마스크를 쓴 그가 발견되었다. 무덤 옆방에서 35개의 모형배가 발견되었다.

죽은 자를 사후 세계로 태워가기 위해.

413개의 조그만 인형들도 있었는데 사후 세계에서 왕 시중을 들 종들이다.

눈을 끌었던 것은 넷이서 지키는 궤^{chest}였다.

온통 금이다.
한참 쳐다보았다.

손은 궤에 닿지
않았다. 살짝
떨어져 있다.

학대모습

어려 보이는 여자^{goddess}였고, 그 안에는 투탕카멘의 장기^{organ}가 있다. 파라오는 죽는 것을 잠시 사후 세계를 여행하는 것으로 여겼다. 여행을 마치고 몸으로 돌아오면 다시 영생을 누린다고 믿었다. 육체 부활과 영생을 믿었다. 아직도 그 소녀들은 파라오가 깨어나기를 기다리며 카이로의 이집트 박물관에서 주인의 장기를 지키고 있겠지.

피라미드의 불가사의

무덤?

많은 사진에 등장하는 피라미드는 기자의 대피라미드, 다른 말로 쿠푸의 피라미드라는 것이다. 기자는 지명이고 쿠푸는 왕명이다. 기자에는 피라미드가 여럿 있는데 대피라미드는 그중 가장 크다. 그 거대함은 사진에서 보고 상상했던 것과 다르지 않다. 너무 커서 길이 70m, 높이 20m의 스핑크스가 무색할 지경이다. 대피라미드 높이는 약 146.5m인데 14세기 잉글랜드에 160m 높이를 가진 대성당이 세워지기 전까지 약 3,800년간 세계에서 가장 높은 건축물이었다. 황량한 벌판에 있다. 그늘은 없다. 삐끼가 낙타를 타라고 꼬드길 것이다.

대피라미드는 약 BC 2560년인 청동기 시대에 세워졌다. 약 230만 개의 돌이 들어갔으며 돌 평균 무게는 2.5톤이다. 20만 명이 20년간 지었다 한다. 대피라미드가 무덤인지는 확실하지 않다. 피라미드 안에는 미라는커녕, 부장품도 없다. 도굴 흔적도 없다. 물론 조사가 더 진행되면 미라를 발견할 가능성은 있지만.

건담이 돌을 1분에 1개씩 쌓는다면 4년 걸린다. 밥도 안 먹고 잠도 안 자고 휴식도 없이. 피라미드 건축에 20~25년이 걸렸다 하니, 6분에

여행,
나의 구루

1개씩 쌓은 셈이다. 쉬지 않고.

곡식창고?

피라미드가 곡식창고라는 주장이 있다. 기독교에서 왔다. 성경 창세기에 요셉이 흉년을 대비해 곡식을 저장했다는 말이 있는데, 그 장소는 성읍으로 되어있다.

> 요셉은 이집트 땅에서 일곱 해 동안 이어간 풍년으로 생산된 모든 먹거리를 거두어들여, 여러 성읍에 저장해 두었다. (창세기 41장)

코란에도 비슷한 이야기가 있다.

요셉이 말했다. "곡식 창고를 관리하게 해 주십시오. 제가 잘 관리하

겠습니다." (코란 12:55)

중세 초 여성 기독교인 순례자 에게리아가 "요셉이 옥수수를 보관하기 위해 피라미드를 만들었다"라고 기록하면서 피라미드가 요셉의 곡식창고라는 이야기가 퍼져나갔다.

대피라미드를 세계 7대 불가사의 중 하나라고 하는데 그중 대피라미드가 가장 오래된 건조물이다. 유일하게 지금까지 건재하다. 그런데 건축 목적을 아직 정확히 모른다. 이게 불가사의다.

김신락, 모모타 미쓰히로, 리키도잔

한국에 잘 알려진 역사(歴史) 중 최영의와 역도산이 있다. 최배달, 영화 〈바람의 파이터〉의 실제 주인공 최영의는 일본에서 극진 가라데를 창시한 무예가이다.

역도산은 프로레슬러였다. '천황 다음 역도산'이라는 말이 있을 정도

로 유명한 사람이다. 도쿄에 갔을 때 역도산 묘를 찾아갔다. 내가 알고 있는 정보는 역도산 묘가 혼몬지라는 절에 있다는 것, 역도산 일본 발음이 리키도잔이라는 것이었다. 버스를 타고 가다가 내리는 곳을 몰라 기사와 승객들에게 계속 "혼몬지! 혼몬지!"를 외쳤다. 우여곡절 끝에 정거장에 내렸지만 절이 어디 있는지 보이지 않았다. 그때 어느 여성이 내게 말을 걸었다.

버스 안에서 나를 지켜보고 있었던 모양이었다. 그녀의 친절이 고마웠다. 사찰 입구 사거리까지 길 안내를 해주었다. 혼몬지는 계단을 올라가야 하는 높은 곳에 자리 잡고 있는 큰 절이었다.

막상 도착해보니 절 안에 무덤이 너무 많았다.

절에 산책 온 노인에게 물어보았다.

나이 든 사람은 역도산을 알 것이라 생각해서 노인에게 물었다. 노인은 알고 있었다. FOLLOW ME는 세계 공통어였다. 그렇게 역도산 묘를 찾았다.

역도산 묘는 다른 묘와 달랐다. 등신 흉상으로 되어 있었다. 팔짱을 끼고 옅은 미소로 나를 반겨 주었다.

최배달과 역도산은 한 살 차이로 동시대 인물이다. 둘 다 조선인으로 태어나 일본인으로 죽었다. 최배달은 전라북도에서 최영의로 태어나 오야마 마스다쓰로 살다 죽었다. 역도산은 함경남도에서 김신락으로 태어나 모모타 미쓰히로로 살다 죽었다. 최배달은 73세까지 살다 병으로 세상을 떠났다. 역도산은 40세에 불의의 사고로 하직했다. 최배달은 한국에 자주 드나들었고 1960년대에는 박정희를 만난 적도 있다. 역도산은 1962년 김일성 50번째 생일을 맞아 벤츠 승용차를 선물했다. 최배달은 친한파로 알려졌다. 역도산은 북한에서 영웅이었으며 사후 열사증도 받았다. 생전에 두 사람 사이는 좋지 않았다.

이때는 역도산 묘를 참배했지만 다음에 방문한다면 도쿄 호국사에 잠든 최배달을 찾아 참배해야겠다고 생각했다. 호국사에 가서 오야마 미스다쓰大山倍達를 찾으면 되겠지.

만남

2003년

일본에 갔다. 목적은 〈일본 그리스도 교단 큐슈교구 제26회 선교회의〉에 참가하는 것이었다.

그때 이누카이 목사님을 당신의 집이기도 한 전도소(일본에서는 규모가 작으면 교회라고 하지 않고 전도소라고 한다)에서 처음 만났다. 우리를 일제 강제징용 희생자 현장으로 안내해 주었다. 당시 목사님의 나이가 65세였고, 10여 명의 교인으로 거의 평생 목회한 사람이었다.

목사님은 대학시절에 폐광촌 봉사활동을 하기 위해 일제 강제징용 희생자 현장을 처음 방문했고, 돌보는 이 없이 열악한 환경 속에 방치된 아이들의 모습을 보고 이곳에서 신혼생활과 목회를 시작했다. 그때 목사님은 26세였다.

처음에는 "십자가도, 삶의 빛도 다 여기 있으니, 모두 이곳에 와서 구원을 받으라"라고 외치고 다녔다. 하지만 시간이 지나도 교회에 오는 사람이 아무도 없었다. 할 수 없이 덤프트럭 운전, 막노동을 해서 생계를 꾸리며 목회를 했다. 그러면서 평생 탄광지역 아이들을 교육하고, 일자리 잃은 지역주민 취업을 주선했으며, 재일 한국인 지문날인 폐지를 위해 활동했다. 인생에 회의도 있었으나 이누카이 목사 일이 하나님의 일이라는 혼다신부 이야기에 위안을 받았다 했다.

〈일본 그리스도 교단 큐슈교구 제26회 선교회의〉는 독특한 경험이었다. 사모님과 교인이 목사님을 따라가 함께 참가하는 것, 가톨릭 신부(혼다신부)가 개신교 선교회의 강사라는 것, 젊은 여자 목사님이 사회를 보았는데 아이가 뒤에서 엄마를 귀찮게 하는 모습, 엄마들과 아이들을 위해 임시 보모를 고용한 것, 평신도, 목회자, 여자 남자, 노소가 섞여 진행하는 진지한 신학-신앙토론 등이 신선했다. 선교회의 주제는 '어떻게 그리스도의 복음을 생생하게 전할 것인가?'였는데 '생생하다'는 말 의미에 대해 밤늦도록 토론이 이어졌다.

2005년

서울의 한 교회에서 열린 국제심포지엄에 강사로 다시 만났다. 나는 그때 이누카이 목사님이 했던 강연 내용도 기억한다.

2010년

2010년에는 목사님이 나이가 들어 45년간 하던 목회를 그만두고 은퇴기념으로 한국에 막걸리 여행을 오셨다. 나는 전라도 광주까지 찾아가 만났다. 마음을 담아 내가 속한 모임에서 감사패도 드렸다.

1968년, 큐슈 가네미 지방 식용유 공장에서 만든 식용유를 먹고 사람들(과 동물들)이 중독되고 사망하는 사건이 있었다. 대책위원회를 이끌던 이는 기독교 신자 가미노 씨였는데 모든 교회가 관심을 가져 주지 않았고, 가미노 씨가 이누카이 목사를 찾아왔을 때, 이누카이 목사 역시 자기 일이라는 생각이 들지 않았다고 했다. 그러자 가미노 씨는 '무관심은 공해 살인 공범자'라고 쓴 편지를 목사님에게 보냈다. 목사님은 충격을 받고 식용유 대책위 일에 나서게 된다. 피해자들의 억울함을 풀어주기 위해 가네미 공장 앞에서 텐트를 치고 농성하기 시작했다. 그때가 1970년이었다. 그 후 매달 넷째 주 토요일이면 천막을 설치하고 아침 7시부터 저녁 7시까지 12시간 동안 천막농성을 했다.

2012년

500회가 될 때까지 농성은 계속되었다. 32세에 시작한 농성이 74세까지 이어졌다. 42년의 세월이었다. 목사님은 "다른 사람의 고통을 내 문제로 받아들일 수 있는가"를 스스로 되물으며 살아온 42년이라고 했다.

2016년

서울에 온 목사님을 어느 모임에서 만났다. 목사님은 나를 잘 기억하지 못할 것이었다. 그래도 반가웠다. 기뻤다. 목사님을 만날 생각에 가슴이 설렜다. 할 말은 많았지만 일본말을 할 줄 모르는 나는 답답했다.

나 (천천히 말했다) I was ... excited ... when ... I ... thought of ... meeting you(목사님 만날 생각에 가슴이 설렜어요).

목사님 Thank you very much(감사합니다).

이것이 끝이었다. 대화를 나눈 곳은 길가였다. 말이 통하지 않아 이야기를 많이 나누지 못하고 헤어져 아쉬웠다. 그래도 목사님을 뵈니 좋았다. 내 마음이 전달되지 않아도 괜찮았다. 나는 그 한마디를 하기 위해 그 모임에 갔으니까.

시코쿠, 시시지마

여름 시코쿠 여행은 특별했다.

우리 가족은 2006년 5개월 동안 다섯 곳을 여행하였다. 홍콩, 마카오, 네팔, 인도, 태국. 그때 딸은 중학생 나이, 아들은 초등학생이었다.

10여 년 만에 다시 가족 해외여행을 했다. 딸은 직장인이 되었고, 아들은 대학생이 되었다. 국내 여행은 여느 집처럼 아이들이 어릴 때 자주 했다. 나는 아이들과 필리핀, 베트남을 가기도 했고, 아내는 딸과 오키나와를 다녀오기도 했다. 부부가 필리핀을 다녀오기도 했지만 가족 넷이 해외를 가는 것은 오랜만이다. 이런 일은 앞으로 별로 없을 것이다. 그렇게 모두가 10여 년 만의 해외여행을 일본 시코쿠로 가기로 결정했다.

출발, 만남

제일 먼저 아들이 출국했다. 다음 날 딸이 출국했다. 그다음 날 우리 부부가 출국했다. 출발 날짜가 다른 것은 각각 개인 사정이 있어서였다. 공항에 내려 버스를 타고 약속 장소로 찾아갔다. 구글은 놀랍다. 그렇게 넷이 만났다.

10여 년 만의 해외 가족 여행은 각자 서울에서 출발해서 일본 어느 변두리 편의점에서 만나 시작되었다.

시코쿠 순례

시코쿠에 1,000년 넘은 순례길이 있다는 것은 스페인에서 알았다. 길이도 1,200km로 800km의 산티아고 순례길보다 길다. 1번부터 88번 절까지 시계방향으로 돌게 되어있다.

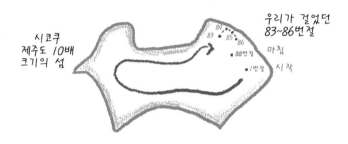

시코쿠 순례길? 가고 싶었다. 그러나 그게 될까? 그런데 그날이 왔다. 우리 여행은 5박 6일짜리 짧은 여행이라 이틀만 걸었다. 맛을 보았다. 좋았다.

첫날은 25km를 걸었다. 비를 맞으며 각자 배낭을 메고 갔다. 힘들면 카페에서 차를 마셨다. 83번 절을 지나 84번 절에 도착하니 어두워졌다. 하산할 때는 밤이 되었다.

둘째 날은 15km를 걸었다. 85번 절은 산에 있다. 가파른 등산로 같은 길을 오른다. 85번 절에서 오세타이^{御接待}로 음료 4병을 받았다. 오세타이는 시코쿠 주민들이 순례자에게 건네는 정성으로 돈, 음식, 차 태워주기, 숙박 제공 등 다양한 형태가 있다. 오세타이는 거절하지 않는 것으로 되어 있다. 딸은 감동받아 시주를 했다. 비가 오다 그치다 했다. 라면집에서 라면도 먹었다. 이번 순례의 종착지 86번 절에 도착했다. 노상에서는 순례자를 거의 보지 못했는데 사찰에 도착하면 경을 읽거나 외고 있는 순례자들을 볼 수 있다.

이틀 동안 40km를 걸었다. 아내와 딸은 발에 물집이 생겼다. 이렇게 이틀간의 짧은 순례를 마쳤다.

시시지마

시시지마는 시코쿠 부속도이다. 섬 길이는 1km다. 인구는 20명이다. 들어가는 배는 하루에 3번 있다. 숙소는 단 1개, 숙소에 에어컨은 없다. 숙소는 그냥 일본 시골집이다. 우리가 방문한 여름에는 모기가 많았다. 특별한 섬이다. 이 섬에서 그냥 쉬었다.

주인이 항구로 마중 나온다 하여 픽업이라도 하는 줄 알았다. 아니다. 걸어온다. 이 섬에 차는 없다.

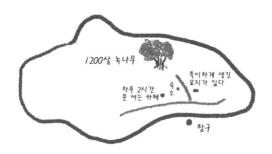

섬의 정상 부근에 1,200년 된 나무가 있다 하여 찾아갔다. 천연기념물이라고 했다. 나무 높이는 22m, 폭도 그 정도 되는 것 같다. 더 큰지도 모르겠다.

섬의 유일한 카페는 하루 2시간 정도만 연다. 카페에서 주민들과 즐

거운 이야기를 나누었다. 80살 먹은 아저씨가 말하길 80년 전에 이 섬에 1,000명이 살았다 했다. 물론 학교도 있었고 신사도 있었다. 이곳은 전남 완도와 위도가 비슷하다. 산도 높지 않다. 정상이 해발 100m 정도다. 그래도 8월인데 시원하다. 서늘하다. 이 섬에 상점은 없다. 이곳에 오려면 식량과 물을 준비해야 한다. 1박 2일 있으려다 이곳이 좋아 2박 3일을 있었다.

섬을 떠나는 날 엄청난 쓰레기를 남겼다. 쓰레기는 되가져가야 한다. 전부 편의점 음식 포장지이다. 4명이 편의점 음식으로 6끼를 먹으니, 비닐, 캔, 플라스틱이 한 가방이다. 인간의 먹고 마심은 쓰레기를 남기는 일이다. 죄 짓고 산다.

후기

① 이 여행이 내게 특별했던 것은 내가 준비하지 않은 첫 여행이라는 것이다.

나는 늘 여행을 준비하고 표를 끊고 숙소를 예약했다. 항상 내 일이었다. 이 여행 직전 내 해외여행은 베트남 여행이었다. 난 네 명의 일행을 이끌고 모든 일정을 기획했다. 그러나 이번에는 첫날 숙소도 모르고 갔다. 아이들이 모두 준비했다. 공항에서 아이들과의 약속 장소인 외곽 어느 세븐 일레븐을 찾아가야 하는데 일본어도 모르고 무슨 버스를 타고 어느 정거장에 내려야 할지도 모른다. 이럴 때 무척 신난다.

② 매일 카페에 들러 차를 마시거나 브런치를 먹었다. 어떤 날은 카

페를 두 번 이상 갔다. 일본 카페는 한국 1980년대 카페 분위기가 난다. 행복하다.

③ 아이가 구사하는 약간의 일본어 회화 능력, 부모의 한자 독해력 그리고 핸드폰 번역기로 여행을 잘했다. 앞으로 없어질 직업 중 하나가 통역, 번역 등 외국어 직능 쪽이라는 기사를 읽은 적이 있는데 우리 가족은 네 명 모두 어학 전공자들이다. 없어질 직업군 공부를 대학에서 전공했거나 하고 있다.

종이학 슬픈 꿈을 알게 되었네

히로시마는 1945년 8월 6일 원자폭탄이 떨어진 곳이다. 유명한 원폭돔이 있다.

본래 상업전시관이었던 이 건물은 지금 유네스코 세계문화유산이다. 폭심지에서 200m 정도 떨어져 있다. 문화유산으로 등록될 때 미국은 강력히 반대했고, 조사보고서에서 '세계에서 처음 사용된 핵병기'라는 문구를 (찔리는 게 있어서) 지워 버렸다. 중국도 일본이 전쟁에 대해 미진한 반성 태도를 가지고 있다며 문화유산 등록에 기권했다.

원폭돔에서 조금 걸어가면 어느 소녀가 있는 조형물을 볼 수 있다.

춤추는 듯한 소녀가 조형물에 붙어있다

뒤에는 부스 같은 것이 있는데

각각의 부스에는 엄청난 양의 종이학이 있다.

지금도 일본과 세계 각지에서 연간 약 천만 마리, 약 10톤의 종이학이 오고 있다.

그 소녀는 사다코이다. 원자폭탄이 투하되었을 때 사다코 집은 폭심지에서 2km 정도 떨어진 곳에 있었다. 폭발이 일어났을 때 두 살이었던 사다코는 창문 밖으로 튕겨 나갔다. 사다코 어머니가 딸을 찾으러 뛰어나갔을 때 죽은 줄 알았던 딸은 별 외상 없이 살아있었다. 모녀는 도망가면서 흑우黑雨를 맞게 된다.

사다코는 여느 소녀들처럼 자랐으며 계주繼走 주요 멤버이기도 했다. 열한 살 때 귀와 목 뒤의 종기가 발견되었고 열두 살 때 백혈병 판정을 받고 입원하게 된다. 의사는 잘해야 1년을 살 수 있다고 했다. 병실에서 사다코는 자기보다 두 살 많은 학생을 만나서 천 개의 종이학을 접으면 소원이 이루어진다는 이야기를 듣고, 종이학 접는 방법을 배우고 나서 종이학 접기를 시작한다. 천 개의 학을 접으면 소망이 이루어진다는 것은 일본 도시 전설이다. 시간은 많았지만 종이가 부족했던 사다코는 약 포장지를 이용하기도 하고 다른 방 환자들에게 얻기도 했다. 이야기를 들은 친구도 종이를 보내 주었다. 사다코의 쾌유를 기원하며 다양한 색의 종이학이 사다코에게 보내졌다. 사다코는 살기 위해 계속 종이학을 접었다.

(널리 알려진 이야기로는) 사다코가 상태가 악화되어 더 이상 접을 수 없을 때까지 644개의 종이학을 접었고 사다코 친구들이 1,000개를 채워 사다코가 죽자 관에 넣었다 한다. (그러나 히로시마 평화 박물관과 사다코 오빠 진술에 의하면 사다코는 목표했던 1,000개를 완성했고, 그 후로 계속 접어 죽기 전까지 거의 1,400개의 종이학을 접었다 한다.)

1955년 10월 열두 살 나이로 사다코는 짧은 생을 마감했다. 사다코는 원폭 피해자 상징이 되었다. 어린아이가 살기 위해 종이학을 접었을 생각을 하니, 눈물이 나려 한다.

지금도 또래의 학생들이 히로시마의 사다코 조형물에 참배를 온다. 내가 방문한 날도 학생들이 방문했다. 사다코는 무죄하다. 피폭 당시 두 살이었으니 죄를 지을 만한 나이가 아니다. 사다코 이야기에 슬퍼진다. 그러나 이 슬픈 이야기에 가해자 일본 이야기는 없다. 일본이 관동과 아시아에서 지은 범죄, 위안부 이야기는 없다. 2차 대전 종전은 온갖 못된 짓을 하던 깡패가 자기보다 힘이 더 센 조폭에게 칼에 찔린 사

건이다. 나는 사다코가 불쌍하다. 불쌍한 것은 불쌍한 것이고, 일본이
저지른 범죄는 범죄이다.

독립 홍콩

홍콩 방문 전 아이들에게 영화 〈중경삼림〉을 보여주었다. 당시 초등
학생, 중학생이던 아이들에게 그 영화가 무슨 의미가 있나 싶지만 그때
는 그렇게 하고 싶었다. 내가 감명 깊게 본 영화였기 때문이다. 홍콩에
미드 레벨즈 에스컬레이터라는 것이 있는데

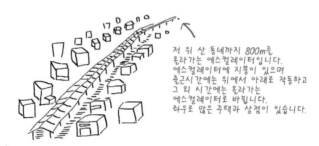

저 위 산 동네까지 800m를 올라가는 에스컬레이터입니다. 에스컬레이터에 지붕이 있으며 출근시간에는 위에서 아래로 작동하고 그 외 시간에는 올라가는 에스컬레이터로 바뀝니다. 좌우로 많은 주택과 상점이 있습니다.

그 영화의 한 장면처럼

주인공이 살던 방은 어디인가?

여행,
나의 구루

에스컬레이터에 주저앉아 주인공의 집을 훔쳐보는 배우 흉내를 내 보기도 했다. 물론 그 집은 찾지 못했다. 집이 너무 많이 있었다.

여배우 왕페이와 남배우 양조위가 노래 〈캘리포니아 드리밍〉을 배경으로 썸을 타던 햄버거 가게 미드나잇 익스프레스를 찾아갔다. 아이들도 영화를 보았기 때문에 모두 공감할 거라고 생각했다. 허술한 가이드북으로 영화의 햄버거집 미드나잇 익스프레스를 찾으려 무척 애썼다. "중경삼림 영화에 등장하는 햄버거 가게를 찾고 있다"라고 지나가는 사람들에게 말하고 싶은데 중경삼림을 광동어로 어떻게 발음하는지 몰랐다. 그 근처를 맴맴 돌다가 중경삼림을 한자로 보여주었다. 영어를 할 수 있는 아가씨가 있어서 마침내 미드나잇 익스프레스를 찾았지만 공사 중이었다. 그래도 반가웠다. 공사 중인 건물 앞에서 사진을 찍었다.

예배드릴 교회를 찾을 때도 "Where is a church?"라고 말하면 못 알아들었다. 대신 교회를 한자로 써서 보여 주면 즉각 반응이 왔다. 당연하지. 100년 이상 영국의 식민지로 있었지만 영어는 여전히 익숙하지 않은 모양이었다. 〈중경삼림〉은 1994년 영화이다. 홍콩은 1997년 중국에 '반환'되었다. 영화에는 홍콩 반환에 대한 불안함을 나타내는 은유와 상징이 가득 차 있다고 한다. 그들은 왜 그렇게 불안해했을까? 어느 사회학자는 1997년 일어난 일은 홍콩 독립이라 했다. 영국 식민지 지배에서 홍콩이 드디어 독립한 사건이라고 했다. 듣고 보니 그럴듯했다. 반환이라는 말 자체가 영국 중심의 말이었다. 영국령 홍콩 시절 영국 총독부는 홍콩 하층민들 권리 투쟁을 폭력-비폭력 상관없이 탄압했고

(마치 한국처럼) 긴급조치법을 통해 무력으로 진압했다. 영국의 홍콩 통치는 신사적이지 않았다. 독립과 해방은 기쁜 일인데 홍콩 사람들이 불안해했다면 왜 불안해했을까? 조국 중국이 못사는 나라라서? 일당 독재 사회주의 국가라서?

우리가 보통 베트남전쟁이라고 알고 있는 전쟁 이름은 미국이 붙인 이름이다. 전쟁 이름은 보통 교전 당사국 이름을 붙인다. 러일전쟁, 영불전쟁, 이란이라크전쟁, 이런 방식으로.

베트남 사람은 '베트남전쟁'을 어떻게 부를까? 당연하지만, 베트남전쟁으로 부르지 않는다. 베트남인들은 그 전쟁을 항미전쟁, 혹은 간단히 미국전쟁이라고 부른다. 우리가 알고 있는 임진왜란 병자호란을 생각하면 이해하기 쉽다. 홍콩 독립과 홍콩 반환이라는 말이 나를 희롱한다.

길을 잃는 즐거움

그 마을

30년 전 아내와 연애할 때 지리산 등반을 했다. 산장 예약을 하지 않아 비 내리는 천왕봉 아래 산장 복도에서 웅크리고 잤다. 추웠다. 직장인인 아내는 휴가가 짧았다. 천왕봉을 '찍고' 하산했다.

어느 코스로 하산했는지 기억나지 않는다. 30년 전 일이라. 하산은 힘들었다. 긴 시간이었다. 지쳤다. 정식 등산로가 아닌 것으로 여겨지는 곳으로 한참을 내려오다 마을을 발견했다. 반가웠다. 그 마을을 통과했는데 내 기억에 그 마을은 마을 한가운데 폭포가 흘렀다.

신선이 나올 것 같은 그곳은 어디였을까? 우리는 그 마을을 찾기 위해 두 번 가보았다. 못 찾았다. 그리고 이번이 마지막이라고 생각하고 다시 그 마을을 찾아 나섰다. 두 사람이 퍼즐을 맞추어 보니, 우리가 하산한 지리산 자락 마을은 함양에 있다. 그러나 이미 우리는 그 마을 찾는 것을 두 번 실패했다. 이번에는 찾을 수 있을까?

베이스캠프는 남원에 치기로 했다. 서울~남원은 자동차로는 4시간 걸리지만 고속도로를 갈 수 없는 오토바이로는 (휴식시간 미포함) 6시간이 걸린다. 남원까지 아내는 기차로 가고 나는 오토바이로 갔다. 무궁화 기차는 서울에서 4시간이 조금 더 걸린다. 각각 출발하여 남원역에서 만났다.

결국 그 마을은 찾지 못했다. 여러 마을을 뒤졌지만 모두 아니었다. 30년이 흘렀고 아내와 내 기억도 정확하지 않다. 새로운 숙박업소와 도로가 생겼고 생겨나고 있다. 모르겠다. 하도 못 찾으니 우리는 우리가 (북쪽) 경남 함양으로 하산한 것이 아니라 (남쪽) 전남 구례로 하산한 것이 아닐까 하는 생각도 했다. 사람 기억은 정확하지 않으니까.

오래전 벗이 우화를 들려주었다. 오래된 이야기라 내용이 정확하지 않을 수 있다. 원출처는 돌아가신 민중신학자라고 했다.

옛날, 마을에 소문이 돌았는데 마을 뒷산에 황금 여우가 있다는 것이다. 한 젊은이가 황금 여우가 있다는 산을 올라 헤맸으나 찾지 못했다. 어느덧 밤이 되었다. 젊은이는 포기하고 앉았는데 달이 휘영청 밝게 떴다. 그때 그 젊은이는 달빛 아래 자기가 사는 마을을 처음 보았다. 마을 안에서만 살았지 마을이 어떻게 생겼는지는 모르고 살았던 터였다. 그날 젊은이는 황금여우는 찾지 못했지만 자기가 사는 마을은 처음으로 보았다.

나는 이번 여행에서 그 마을을 찾지 못했다. 그 대신 지리산 둘레길을 짧게나마 걸었고(아하, 지리산 둘레길이 이렇게 생겼구나), 실상사를 방문했다. 실상사 작은 학교는 들어 봤지만 정작 실상사 방문은 처음이다. 강진 가우도 출렁다리도 건넜다. 무엇보다, 보고 싶은 사람들은 만났다.

강진에서 서울은 자동차로는 4시간 걸리지만 고속도로를 갈 수 없는 오토바이로는 7시간이 걸린다. 아내는 고속버스로 가고 나는 오토바이로 갔다. 집에 도착하자 해가 떨어졌다. 7시간 오토바이를 탔더니 몸이 망치로 얻어맞은 것 같다. 그래도 행복한 여행이었다.

나는 황금여우를 포기하지 않았다. 또 그 마을을 찾아가고 싶다.

길을 잃는 즐거움

'길을 잃는 즐거움'은 카우프만이라는 사람이 쓴 책 제목이기도 하고, 내가 예기치 않는 상황에 부딪혔을 때, 당혹스러운 처지에 빠졌을 때 외는 주문이기도 하다. 선배들과 도를 닦는 방법에 대해 이야기 나눌 때 내가 "도를 닦는 방법에는 간화선과 위파사나가 있지요"라고 했다. 듣고 있던 P목사님이 말했다. "염불도 있어." 그 이후 주문을 외는 것은 삶의 일부가 되었다.

카우프만은, 헨리 데이비드 소로가 2년 2개월간 월든 숲에서 홀로 산 것처럼 자기도 숲으로 들어가 홀로 생활한다. 소로와는 달리 25년을 지낸다. 소로가 숲에서 보낸 시간의 열 배가 넘는다.

어느 날 카우프만은 숲에서 집으로 돌아가다가 길을 잃는다. 늘 다니던 길인데 길을 잃는다. 미국의 숲은 광활하기 때문에 길을 잃으면 죽을 수도 있다. 카우프만은 보이스카우트 시절 배운 기억까지 짜내어 집에 돌아가는 길을 찾기 위해 애를 쓴다. 나이테 방향을 살피고 주변을 주의 깊게 관찰한다. 그때야 비로소 숲을 '보는' 경험을 한다. 다른 때에는 전혀 주의를 기울이지 않았었다. 둘레를 샅샅이 살펴본 다음 마침내 집으로 돌아간다. 그 이야기가 있는 장chapter 제목이 '길을 잃는 즐거움'이고 이 제목은 책 이름이 되었다.

오래전 딸과 아들을 데리고 2박 3일 일정으로 전남 여행을 갔다. 1박은 예정대로 완도에 사는 제자 H양 집에서 잤는데, 다음 날 자기로 계획한 여수의 E양이 출장 중이라 여수 숙박이 무산되었다. 호남의 지인 몇 분에게 잠을 잘 수 있겠냐고 문자를 보냈는데 부안의 Y목사님이 잘 곳이 있다는 답장을 보내셨다. Y목사님 댁이나 Y목사님이 일하시는 복지관에서 잠을 잘 것으로 예상했는데, 목사님을 만난 곳은 전북 부안의 사찰 내소사였다.

그곳은 전쟁 피해자를 추모하는 한일 행진단 숙소였다. 일본에서 시작한 두 달 예정의 이 행진은 4주째 접어들고 있었다. 광주, 서울을 거쳐 판문점, 금강산까지 진행될 이 행사에 참가해야만 할 것 같은 충동이 들어 참가했다. 2박 3일의 여행 일정을 예상했기에 우리는 갈아입을 옷도 없었다. 그렇게 2박 3일의 봄 소풍은 5박 6일이 되었고 주말에 초등학생 아들과 나는 귀가하고 (중학생 나이 딸은 당시 학교에 다니고 있지 않아서) 딸은 남겨두고 왔다.

아들과 나는 졸지에 5박 6일짜리 여행을 하게 되었지만 딸은 장장 29박 30일의 여행을 하게 되었다. '스톤워크 2007 코리아'라고 명명한 이 행진은 일본에서 시작했는데, 그때 아내가 참가했으니 우리 가족 모두가 참가한 셈이 된다. 그 행진 때 만난 한국-일본-미국의 참가자들과 이후 오래 교분을 나누었다. 특히 후반 한 달을 참가한 딸은 성장하여 귀가했다. 길을 잃는 즐거움이었다.

2년 후 기타큐슈의 어느 회의에서 행진 참가자 중 한 명이었던 아키코상과 반갑게 해후했다.

나 제 딸이 스톤워크 행진하면서 많이 성장했어요.

아키코상 그래요. 처음에 수줍어하던 아이가 후반부에는 적극적으로 변했죠.

나 스톤워크가 우리 가족에게 특별한 일이었어요.

아키코상 사실은 내가 많이 성장했어요.

그때는 내가 말하지 못했는데, 사실 나도 많이 성장했어요, 아키코 상. 이후로 낯선 일을 만날 때, 심지어 진짜로 운전을 하다 목적지를 못 찾고 헤맬 때에도 난 '길을 잃는 즐거움'이라는 주문을 되뇐다. 카우프만은 어른들이 저지르는 범죄 중 하나가 아이들에게 길을 잃으면 안 된다고 가르치는 것이라고 말했다지.

두꺼비 강

섬진강 자전거 길은 이렇게 생겼다.

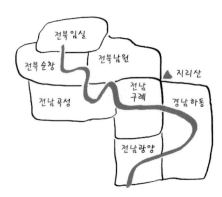

여행,
나의 구루

섬진강은 약 220km이고 자전거 길은 150km가량 조성되어 있다. 1박 2일간 달렸다. 첫날은 비를 맞으며 갔다. 섬진강은 한자로 이렇다. 두꺼비 蟾(섬), 나루 津(진), 강 江(강). 전라도와 경상도 경계라 '이념 경계 강'이라고도 한다지만, 이름에서 알 수 있는 것은 이념이 아니라 이 강이 두꺼비와 관련이 있다는 것이다. 고려말 이 강 하구에 왜구가 쳐들어오자 수십만 마리의 두꺼비가 (지금의 광양) 나루에 몰려와 왜구를 물리쳤다. 이 소식을 들은 고려 우왕은 섬진강이라는 이름을 내렸다. 그때부터 이 이름이 사용되었다고 한다. 두꺼비라는 생명체가 왜구 침입이라는 역사 사건과 결합하여 확장된 설화이다. 섬진강은 두꺼비 강이다. 실제로 왜구를 격퇴한 것은 이성계나 최영 같은 장수들이었지만.

사람이 여섯 명이니 자전거도 여섯 대였다.

산악용   (유사)산악용   하이브리드   미니벨로   로드   아동용
                           (도심형)   (작지만   (경주용)   접이식 자전거
                                      성인용, 고성능)

마지막 아동용은 H 목사 자전거였는데, 그 자전거는 도무지 150km를 달릴 수 있는 자전거가 아니었다. 가격과 성능의 문제가 아니라 크기가 몹시 작았다. 매일 걷고 뛰며 기도한다는 H 목사의 강철 허벅지가 아니었다면 마치기 어려운 여정이었다. 자전거 타는 사람들이 쓰는 말 중에 '엔진'이 중요하다는 말이 있다. 자전거 성능이나 가격보다 허벅지 힘이 가장 중요하다는 말인데 그것을 실제로 보았다. 귀가할 방법

이 없었기 망정이지 그렇지 않았더라면 H 목사는 돌아갔을지도 모른다. H 목사에게 경의를 표한다.

여섯 명은 과연 모두 성숙한 사람들다웠다. 짜증 내지 않고 서로의 주행 스타일을 존중하며 잘 달렸다. 더러는 불편한 아동용 자전거를 서로 바꾸어 타 주며 배려하는 훈훈한 모습도 보여 주었다. 이 길은 대안학교 학생들이 도보 순례하는 코스인데 그럴 만하다. 아름답다. 그러나 식당 등 편의시설이 드물어 계속 달려야 하기도 한다.

아름다운 이틀간 여정 끝에 목적지에 도착하여 약간 갈등이 생겼다. 목적지에 도착하여 자전거를 싣고 출발점으로 돌아가야 하는데, 그 트럭이 일행들이 모여 있는 장소에서 10여km 떨어진 곳에 있었다. 일행들은 내친김에 트럭이 있는 곳까지 자전거를 타고 가자는 사람, 트럭을 운전할 한 사람만 트럭이 주차되어 있는 곳까지 보내자는 사람, 아무 의견 없다는 사람, 이렇게 세 부류로 나뉘었다. 각자 자기 의견을 말했는데 모두 옳은 이야기였다. 틀린 이야기는 없었다. 다 자기 사정이 있는 법이다. 결국 잘 해결되었다. 택시를 불렀고 터미널에서 트럭을 가져오는 것으로, 웃는 낯으로 해결했다. 내친 김에 트럭이 있는 곳까지 자전거를 타고 가자고, 내 의견을 고집한 것이 부끄러웠다.

윤리학은 good과 bad에 대한 학문이라고 배웠다. 하지만 우리 삶에서 마주하는 갈등은 굿과 배드로, 선악으로 똑 부러지게 규명할 수 없는 경우가 많다. 그 아름다운 여행을 잘 마치고 마지막 순간에 왜 충돌이 일어났을까? 피곤해서였을까? 육체적으로 서로 힘들어서였을 거다. 그래도 부끄럽다.

또 다른 순례

"올해 광주항쟁 40주년인데 서울에서 광주까지 자전거로 한번 달리면 어때?"라고 자전거 타는 모임에서 누군가 말했다. "그거 좋은 생각이네. 40주년이니 40명이 달리면 좋겠네"라고 사람들이 응했다. 또 누군가는 "4월에는 세월호 참사가 있고 5월에는 광주 민중항쟁이 있으니 두 도시를 연결해서 안산과 광주를 달리면 어때요?"라고 말했고 "그거 좋다"라고 사람들이 찬성했다. 안산 광주 자전거 행진은 이렇게 시작되었다.

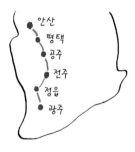

천안 어디에서 지나가던 사람이 우리에게 봉투를 건넸다. 정읍 즈음에서는 지나가던 차가 따라와서 일행에게 음료를 주었다. 감동이었다. 처음부터 마지막 날까지 참가한 일행 중에는 초등학교 2학년 소녀도 있었고 60대 남자도 있었다. 두 사람의 나이 차이는 60년이다. 아내는 '아줌마 자전거'를 타고 300km 가까운 거리를 완주했다. 언덕에서 한 번도 자전거를 끌지 않았다. 초등학생 역시 한 번도 자전거를 끌지 않고 긴 거리를 완주했다.

선두차　미니벨로

선두
전기자전거
아줌마
자전거
로드자전거
MTB
후미 세월호 트럭

매일 아침, 5월 광주에 관한 시를 읽었고 광주 항쟁에 대한 노래를 불렀다. 평택과 전주에서는 세월호 간담회도 진행했다. 공주에서는 농민군과 조선-일본의 관군이 전투를 벌인 우금치를 방문했다. 동학농민혁명군 2만 명과 조일연합군 2,000여 명이 격돌했지만 이 싸움에서 농민군은 최소 15,000명이 사망했고 조일 연합군의 사망자는 보고된 바 없다. 주로 죽창으로 무장한 농민군과 야포, 기관총 등 최첨단 무기로 무장했으며 군사훈련을 받은 정예병과의 싸움은 우금치 전투가 아니라 우금치 학살이었다.

우리는 세월호 참사 가족이 있는 곳을 출발하여 갑오농민전쟁의 전적지를 지나 광주 민중항쟁의 현장에 도착했다. 우리가 행진한 안산 – 공주 – 광주는 모두 참사 현장이었다. 자전거를 오래 타면 허벅지가 아플 것 같지만 통증은 손목과 엉덩이에도 강하게 온다. 어쩌면 다리에 오는 통증보다 손이나 엉덩이에 오는 통증이 더 클지 모른다. 우리 몸은 다 연결되어 있기 때문이다. 역사의 아픔도 모두 연결되어 있는 것이 아닐까. 돌이켜 보니 우리의 행진은 그때 그 자리에서 세상을 등진 이들을 위로하는 행진이었다.

나는 지금 유럽의 어느 산티아고 순례길에 있어야 한다. 계획대로라면 말이다. 하지만 지구를 덮친 바이러스 때문에 한국에 있다. 안산에

여행,
나의 구루

서 광주까지 벗들과 자전거를 탔다. 4박 5일 이 여정의 부제는 〈안산에서 광주까지 진실을 찾아 떠나는 민주주의 '순례'의 길〉이었다. 순례였다. 머나먼 유럽 산티아고 순례 대신 우리나라를 순례했다. 세월호 유족도 만나고 광주 영령도 만났다.

안산 광주 자전거 순례가 결정되고 나서 조카에게 물었다.

"삼촌이 5일간 자전거를 탈 건데 너 같이 갈래?"

아이 부모는 긍정 답변이 나오지 않을 것이라 생각했을지도 모르지만 나는 조카가 응할 것 같다는 생각을 해서 물어본 것이었다.

"응."

초등학교 2학년 아이는 300km가 넘는 여정에서, 300km 거리의 의미를 정확히 모르고 대답했을 수도 있다. 그러나 그것이 힘든 여정일 것이라는 것은 알았을 것이다. 놀란 것은 아이 부모였다.

조카는 난생 처음 (삼촌인 나와 숙모인 내 아내가 함께했지만) 부모를 떠나 4박 5일 여정을 함께했다. 여정 중에 순례단 중 한 분이 질문했다.

"너 이렇게 자전거 탄 이야기 학교에 가서 친구들에게 할 거야?"

"아뇨."

"왜?"

"믿지 않을 거예요."

그렇다. 믿기 어려운 일을 해냈다. 출발 전날 아이 부모는 눈물을 훔쳤으나 정작 아이는 담담했다. 아이는 이제 독립할 준비를 하고 있다. 놓아주지 못하는 것은 어른들일 뿐. 아이는 세월호, 우금치, 광주의 의

미는 이해하기 어려웠을지 모르지만 이 길을 오랫동안 기억할 것이다.

최고령 참가자와 최연소 참가자. 두 사람은 광주 망월동에서 성명서도 함께 낭독했다.

목포 익스프레스

열아홉 살 때부터 꿈꾸던 일이 있었다. 자전거를 타고 부산에 가는 것이었다. '이번에 대학 시험을 보면 해 봐야지'라고 결심했지만 실행하지 않았다. 그러다가 25년이 흘러 40대가 된 어느 날, '이렇게 살 수는 없지', 이렇게 마음먹고 출발했다. 19세 때 목표는 목적지가 부산이었지만 목적지를 목포로 바꾸었다. 두려운 것은 체력이었고 처음 계획은 3박 4일 일정이었다. 자전거는 동네 아저씨들이 타는 생활 자전거였다. 저렴한 물건이었다. 나흘 만에 목포까지 갈 수 있을까 고민했지만 생각해서 무엇 하겠는가? 일단 가야지. 출발 전 아내와 이별파티를 하고 아침에 출발했다.

교회에서 기도하고 본격적으로 달렸다. 30분 만에 경기도 진입, 한

시간 만에 수원에 진입했다. 송탄에서 나처럼 자전거 여행을 하는 30
대 남자를 만나 평택에서 함께 점심을 먹고 달렸다. 그 남자는 '진짜' 산
악 자전거를 타고 있었다. 미국 브랜드였다.

애초 계획은 천안 처남집에서 자는 것이었는데 천안에 너무 일찍 도
착했다. 계획을 변경하여 공주까지 가기로 했다.

다른 여행자를 만났다. 역시나 고급 자전거를 타고 있었다.

양재동에서 온 그 남자는 이번 여행을 위해 1년 전부터 꾸준히 자전
거를 타며 준비했다고 했다. 앞서거니 뒤서거니 하던 우리는 공주 초입
에서 헤어졌다. 두 남자는 숙박업소로, 나는 선배 목사님 교회로 갔다.
그 교회는 공주 외곽에 있어서 가로등이 없었고, 내 자전거에는 라이트
도 없었다. 날이 어두워졌고 설상가상으로 체인도 빠졌다. 몸이 파김치
가 되었을 때 교회 십자가가 보였다.

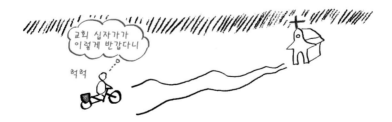

목사님 부부를 보니 천사를 만난 것 같았다. 11시간 이상 180km 정도 달린 날이었다. 따뜻한 물로 샤워를 하고 밥을 얻어먹고 쓰러져 잤다. 무리한 날이었다.

아침에 일어나니 몸이 회복되었다. 다시 페달질을 시작했다. 오전에 전라북도에 들어섰고 여기서 또 다른 자전거 여행자 둘을 만났다. 역시나 폼나는 자전거였다. 앞서거니 뒤서거니 하다가 여행자들은 내 뒤로 처졌는데 다시 보지 못했다.

둘째 날은 부안에서 자려 선배 목사님께 전화했는데 마침 부안 복지관 관장인 그 선배 목사님이 내가 밥을 먹고 있던 식당을 지나고 있었다. 목사님 부부는 상경 중이었다. 우연 일치다.

둘째 날이 되니 다리가 타서 쓰렸고 손목이 저렸다. 쉬는 시간이 점점 늘어났다. 하지만 오르막이 있으면 내리막이 있으니 세상이 공평하다 해야 할까?

관장인 선배 목사님 배려로 커다란 복지관에서 홀로 자는 호사를 누렸다. 샤워를 하고 빨래를 하니 천국이 따로 없었다. 이렇게 둘째 날이 지났다. 무릎이 따끔거리고 손가락이 저리는 예상치 못한 통증이 왔지만 출발할 때만 해도 내가 이렇게 많이 달릴 수 있으리라 생각하지 못했다.

셋째 날에는 전남 영광 즈음에서 자려고 했다. 하지만 정오경 영광에 도착했다. 좀 더 남쪽인 함평에서 자기로 했다. 불볕더위에 다리는 점점 더 따끔거렸다. 풍경은 아름다웠다. 힘들어서 함평의 어느 정자에 쉬고 있는데 한 노인이 말을 걸었다.

풍경도 아름다웠지만 인심도 아름다웠다. 좀 더 남쪽인 무안까지만 가기로 했다.

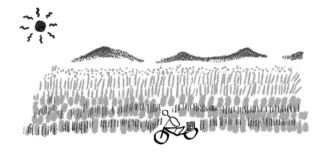

무안 평야는 아름답다. 무안 평야 어느메에 도착했다. 그때 한 할아버지가 내 앞에 나타났다.

노인 어디까지 가?

나 무안까지만 가려고요.

노인 무안은 여기서 6km인데 그럴 바에는 목포까지 가지?

나 목포는 40km인데 너무 멀어요.

노인 40km가 뭐가 멀어? 싸목싸목 가도 세 시간인데 지금 네 시니
일곱 시면 가겠네.

원하지 않은 할아버지의 성원으로 조금만 더 가서 찜질방이 있으면
자려 했다. 그렇게 목포를 향해 찜질방을 찾으러 두리번거리며 가는데
청소년 다섯이 보였다. 자전거를 타고 있었는데 나와 같은 생활자전거
였다.

나 어디 가?

청소년들 땅끝이요.

**여행,
나의 구루**

나   어디서 왔지?

청소년들   광주요.

나   오늘은 어디까지 가?

청소년들   목포요.

목포라는 말을 듣자 가슴이 쿵쾅거렸다. '저 어린 것들도 오늘 목포를 간다는데!' 나도 결국 방향을 틀었다. '그래, 오늘 목포 가는 거다!' 이렇게 생활자전거 5형제와 앞서거니 뒤서거니 하며 가다 보니 아이들이 보이지 않았다.

마침내 저녁 7시, 목포의 지인 집에 도착했다. 이날은 13시간을 달렸다. 3박 4일 예정했던 여행은 2박 3일이 되었다. 조금 허탈했다. 2박 3일이면 될 여행을 19살부터 25년 동안 망설여 온 것이다.

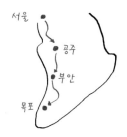

430km의 길, 하루 평균 140km를 달려, 40대에 고3 수험생 때의 꿈을 이루었다. 그냥 이렇게 하면 될 것을.

이 일은 단지 열아홉 살 꿈을 이룬 것만은 아니었다. 이후로 나는 동해안, 강진, 강릉, 부산, 진도를 자전거로 가게 되었는데 이 모든 여행은 목포행 자전거 여행 때 얻은 자신감에서 비롯되었다.

몇 년 전에는 스무 살 남녀청춘 다섯 명과 대관령을 넘어 강릉까지 자전거 여행을 하기도 했다.

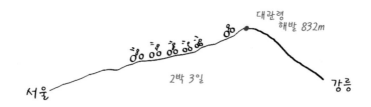

꿈을 실현하는 것은 머리가 아니라 다리다.

민족의 미래를 위한 통일 대회

금강산에서 열린 〈6-15 공동선언 관철과 민족의 미래를 위한 남북 청년 학생 통일 대회〉라는 긴 이름 모임에 초청받아 참가한 적이 있다. 안내문에 '가급적 청바지는 입지 말 것'이라는 문구가 있었지만 청바지를 좋아하는 나는 청바지를 입고 참가했다. 남한 대표단 250명 중 청바지를 입은 것은 나뿐이었다. 대회는 1박 2일간 진행되었고 환영 연회,

환송 오찬 등 함께하는 식사(술) 자리가 있었다. 기억에 남는 친구는 넷이다.

장철구평양상업대학 3학년 김진희

하얀 저고리에 까만 치마를 내내 입었다. 헤어질 때 얼굴이 빨개져 슬프게 울었다. 장철구는 빨치산 시절 김 주석의 취사병이었다. 그 사람 이름을 따서 대학을 만들었다.

평양관광대학 3학년 김순영

한국에서 준비해간 볼펜을 선물로 조심스럽게, 자존심 상하지 않게 부드럽게 건넸다. 순영 학생은 (내 짐작대로) "일없습네다" 하고 단호하게 말했다.

나는 다시 기념품으로 받아 달라고 정중하게 말했다. 순영 학생은 다시 말했다. "공화국에도 볼펜은 많습네다." 결국 전달 실패. 순영 동무도 헤어질 때 많이 울었는데, 나도 콧물을 흘리며 울었다. 단 이틀을 지냈을 뿐인데. 졸업 후 금강산 안내를 지원한다 말했는데 어찌 지내는지?

조총련 소속 박재균

내가 전대협 1기에서 놀았다 하자 깍듯이 존경을 표하며 영광이라

고 했다. 비위가 좋아 나를 형이라고 불렀다. 당시 나는 30대 후반으로
참가자 중 고령이었다.

평양외국어대학 영어과 5학년, 풍채 좋은 남학생

남측 주최 온정각 만찬에서 내 옆에 앉은 학생. 이런저런 대화를 하
다 이 친구가 효순, 미선 사건 이야기를 꺼냈다.

> **학생** 남조선에 미군을 반대하는 사람이 많다는데 왜 미군을 몰아내
> 지 못하는 겁니까?
>
> **나** (그거야 임마) 미군을 지지하는 사람이 더 많으니 그렇지.
>
> **학생** 그럼 한 사람 한 사람 의식화 조직화시켜 미군 반대하는 사람
> 을 늘려, 미군 반대 투쟁에 일떠세우면 되는 것 아닙니까?
>
> **나** (요놈 봐라? 난 네가 유치원 다닐 때 이미 데모했어) 그게 쉽지 않아.
>
> **학생** 제발 이남에 내려가셔서 이남 군중들이 미군 반대 투쟁에 일
> 떠서도록 군중을 의식화, 조직화시켜 주십시오. 부탁입니다.
>
> **나** 어⋯ 그게 (누구 간첩 만들려 하나⋯ 야, 너 지령 내리냐?)

대화는 여기서 끝났다. 그 친구는 이해가 안 갈 수 있다. 백주에 학생
들이 장갑차에 깔려 죽었는데, 왜 군중들이 분노하여 불길처럼 미군 나
가라고 항쟁을 벌이지 않는지 답답했을 것이다.

그때 나는 생각했다. 너 같은 이북 인텔리는 항쟁과 투쟁을 몰라. 노
동당 은혜로 무료로 공부한 온실 속 화초 같은 너희들이 뭘 알겠니. 나

는 동료가 분신하는 것을 보았고, 화염병, 각목, 짱돌, 지랄탄이 난무하던 곳에서 20대 청춘 일부를 보냈다. '사회주의 조국' 안에서 자란 너희는 몰라.

그러나 찬찬히 다시 생각해보니, 그들에게도 고난이 있었을 것이다. 식량난으로 '고난 행군'을 겪었으며 아사자 중 친척이 있었을 수도 있다. 미군의 존재 때문에 위험에 떨며 살았을 수도 있다. 그래, 너도 나를 모르고 나도 너를 모른다.

수영을 못하면 돌아가라, 돌아가기 싫으면 수영을 배우고

노대(노대도, 노대섬)는 전남 신안군 무인도다. 면적은 20만 평 정도고, 해안선 길이는 3km 정도다. 이곳에서 청년들과 1박 2일 캠핑했다. 무인도는 처음이었다. 배를 빌려 갔다. 백사장이 완만해서 배를 멀리 대야 했다. 해변에서 50m는 떨어진 것 같았다. 마치 바다 한가운데서 뛰어내리는 기분이었다.

섬 안으로 들어가니 마을이 나왔다. 내가 방문하기 얼마 전까지 사람이 살았다는데, 사람이 없는 마을은 칡넝쿨을 비롯한 이름 모를 식물들이 주인이 되어 있었다. 두 집 이상 사람이 살고 먹을 물이 있고 나무가 있으면 유인도라 했다. 이곳은 물도, 나무도 있지만 사람이 없었다.

마을을 돌아보던 중 한 청년이 수렁에 빠졌다. 발을 헛디뎠다. 빈 마을은 온통 풀로 뒤덮여 길, 마당, 논, 밭 구분이 쉽지 않았다. 수렁은 다행히 깊지 않았다.

해안을 돌다 바위 사이 바닷물이 있는 곳을 만났다. 폭은 2m가량,

물 깊이도 2m 정도 되었을 것이다. 용감한 청년 ○○은 헤엄쳐 건넜다. 헤엄쳤다 하기에는 민망한 짧은 거리였다. 당시 헤엄칠 줄 몰랐던 나는 수백 미터를 걸어 돌아갔다. 수영을 배워 두지 않은 나를 원망했다.

철조망을 통과하기 위해서는 철조망을 절단하든가 철조망을 폭파해야 한다. 철조망 위에 판자나 사다리 또는 천이나 두꺼운 옷을 걸쳐 놓고 넘어갈 수도 있다. 철조망을 우회하는 방법도 있다. 돌아가는 것은 위험을 피하는 좋은 방법이다.

여행 중 만난 사람들

서울에서 부산까지 국토 종주 자전거길이 있다. 자전거로 간 적이 있다. 완주한 적도 있고 서울에서 경북까지만 간 적도 있다. 조금 지루하지만 안전한 길이다.

종주 중 만났던 사람들이다.

70대 남자

국토 종주 중이었다. 부산을 향해 가신다고 했다. 본인 친구들에게 함께 가자고 했는데, 아무도 동참하지 않아 홀로 가신다. 길도 잘 모르시고 체력도 썩 좋은 것 같지 않다. 자전거는 좋다. 어르신 용기에 박수를 보냈다.

브라질 남자

부산까지 인라인스케이트를 타고 간다. 높이 548m의 이화령을 유모차를 밀며 넘는데 유모차 안에 온갖 짐이 있다. 침낭이 있는 것을 보니 비박할 준비도 되어 있다. 외국에서 비박할 준비까지 하고 인라인으로 여행할 생각을 하다니 멋지다.

여행,
나의 구루

어떤 남자

『나는 걷는다』의 저자 올리비에는 60대 나이에 터키 이스탄불에서 중국 시안까지 실크로드를 따라 1만 1,000Km를 (세 번에 나누어) 도보로 횡단했다. 올리비에는 바퀴 둘 달린 수레를 만들어 에브니(미확인 주행물체라는 뜻)라 이름 붙이고 그것을 끌며 여행하였다. 마치 올리비에처럼 트레일러에 배낭을 매달고 가는 도보 여행자를 보았다. 그 남자는 천천히 걷다가 멈춰 서서 봄꽃 사진을 찍었다. 삶을 즐길 줄 아는 사람인 것 같다.

배낭

외바퀴 트레일러

70대 부부

상주 자전거박물관에서 만난 이 부부는 최상급 산악용 자전거를 타고 있었다. 1,000만 원 넘는 것이라고 자랑했다. 카본 자전거다. 카본 자전거는 가볍고 비싸다. 아줌마 자전거는 티타늄이었다. 티타늄 자전거는 단단하고 비싸다. 서울에서 동해안까지 200km 거리를 하루 만에 간 적도 있다고 다시 자랑했다. 두 사람 다 70대라고 했다.

(자부심 가득한 목소리로)
내가 몇 살로 보여요?

45세?

나이 70이라고 이미 들었어요.
그리고 그렇게 마스크로 얼굴 가리고
눈만 보여주면 어떻게 알아요?

부부가 다 몸이 좋다. 군살이 없다. 비싼 자전거를 타고, 장거리를 주파하고, 젊어 보이는 것을 자랑하고 싶어 하는 사람들이다. 그렇다. 자랑이다. 보기 좋다.

외국인 커플

이 남녀는 커다란 가방이 달린 자전거를 타고 여행 중이었다. 외국 땅에서 자전거로 여행하는 일이 쉬운 일이 아닐 것이다. 그 젊은이들은 서양 사람들이었다. 내가 동남아 여행 중 만난 여행자들도 대부분 서양에서 온 사람들이었다. 왜 서양인들이지? 돈이 많아서인가? 돈은 일본인도 많다. 돈 많은 중국인, 인디언도 널렸다. 가난한 서양인도 많을 것이다. 영어가 되기 때문인가? 영어 못하는 서양인도 상당하다.

그렇다면 뭘까? 내가 보기에 서양인들에게는 다른 인종에게는 흔치 않은 모험, 진취進取 정신이 있다. 돈도 언어도 아니다. 모험과 진취 정신이 서양인을 세계 지배 종족으로 만들었을 것이다. 모험과 진취 정신은 어릴 때 부모로부터 혹은 학교에서 알게 모르게 배웠을 것이다.

한국전쟁을 몰랐던 마을

전남 임자도로 가족 여행을 떠났다. 아들이 고교생이었다. 임자도로 간 것은 임자도에 친구가 살고 있기도 했지만, 임자도에 한국 전쟁을 모르고 지냈던 은동이라는 마을이 있다는 이야기를 들어서이다. 동네 이름도 숨길 은(隱), 골짜기 동(洞).

그렇게 배를 타고 찾아간 은동은 몹시 한적한 곳이었다. 포장이 덜된, 가는 길도 아름다웠다. 산길 몇 구비를 돌아 도착했다.

한창 휴가 때였음에도 불구하고 우리 가족 외에 아무도 없었다. 편의점이나 매점도 없다. 근처에 펜션이 하나 있는데 문 닫았다. 이곳은 전남 최초 누드 비치를 추진했던 곳이라던데 과연 그럴 만했다.

임자도에 한국 전쟁을 모르고 지나온 마을이 있다고 했더니, 임자도가 고향인 친구가 그럴 리가 없다며 반박했다. 전쟁을 모르고 지냈다는 말이 임자도를 장악한 인민군의 영향이 이 마을에 미치지 않았다는 뜻인지, 마을 사람들이 전쟁 자체를 몰랐다는 말인지, 그 친구가 지금 이세상에 없어 더 이상 논쟁할 수 없는 것이 슬프다.

2020년 연륙교가 완성되어 이곳은 육지처럼 된다. 섬 주민들에게는 반가운 소식일 터인데, 나는 왜 아쉬운 마음이 드는 것일까.

한양 도성 순례

서울(한양)은 성곽으로 둘러싸여 있다. 서울은 이렇게 생겼다.

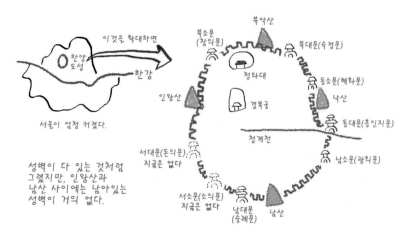

여행,
나의 구루

성곽 둘레는 19km정도 된다. 도성은 옛 모습이 온전히 남아 있기도 하고, 더러는 새로 복원되었으며, 시내 중심을 가로지르는 5km정도는 소실되었다. 이성계가 수도를 개성으로부터 한양으로 천도하면서 성을 쌓기 시작했다. 한양도성이 동서남북의 낙산, 인왕산, 남산, 북악산 네 개 산을 꼭지점처럼 하여 만들어졌다는 것을 알았다. 한양도성에는 네 개 대문과 네 개 소문이 있지만, 그 외 작은 암문暗門도 여럿 있다. 외국에서 성벽으로 둘러싸인 도시를 여럿 보았는데 내가 사는 도시도 그러했다. 나는 한양도성길이 마음에 들어 수차례 걸었다. 교인들, 단체 회원들, 친구와 걸었고, 더러는 홀로 걷기도 했다. 늘 성벽을 따라 걸을 수 있는 것은 아니다. 갑자기 성곽이 끊겨 길을 잃을 수도 있다. 허나 어쩌랴. 이 길이 가끔은 숨은그림찾기 같은 것을.

지금 기준으로 한양은 종로구, 중구 2개뿐이다. 지금 서울 구는 25개이다. 지금 서울 넓이는 옛 한양 넓이의 37배이다. 지난 500년간 크기 변화가 거의 없던 한양은 '서울'이 되면서 100년도 안 된 기간에 이렇게 커졌다.

내게로 떠나는 여행

길을 떠나려거든 눈썹도 빼놓고 가라

사람이 1주일간 등산을 한다면 얼마만큼의 짐이 필요할까?

한때 우리 집은 관악산 아래 있었다. 주말이면 많은 사람들이 등산한다. 형형색색 등산복을 입고, 한결같이 등산화에 스틱을 가지고 등에는 커다란 배낭을 메고. 커다란 배낭 안에는 무엇이 들었을까.

가족들과 안나푸르나 베이스캠프를 오른 적이 있다. K는 말하곤 했다. 세상에는 두 종류의 사람이 있다고. 히말라야를 본 사람과 그렇지 못한 사람. 우리는 '히말라야를 본 사람'이 되기 위해 트레킹을 결정하고 가이드를 구했다. 호텔에서 출발 전날 가이드 면접을 했는데 나타난 사람은 예상 밖으로 50세 전후 남자였다.

우리는 출발 전날 일주일치 네 명의 짐을 꾸렸다. 세면도구, 침낭, 갈아입을 옷, 읽을 책, 카메라 등 줄이고 줄여도 1주일 네 명의 짐은 가

방 두 개였다. 정말 줄이고 줄였다. 그러나 출발일에 가이드 밤뎃은 전날 복장 그대로 왔다. 모자를 쓰고 점퍼를 입고. 그게 끝이었고 갈아입을 옷, 세면도구 따위는 없었다. 손수건은 한 장 가지고 있었다. 밤뎃은 낮에는 점퍼를 허리에 질끈 동여매었고, 쌀쌀해지는 밤에는 걸쳤다. 이는 개울가에서 손가락으로 닦았고, 양말도 개울가에서 손으로 빨고 꾹짜서 다음 날 다시 신었다. 세수 후에는 손수건으로 닦았다. 이것이 그가 세면도구와 여벌의 옷(속옷조차)을 지니지 않은 이유였다. 내가 안나푸르나를 떠올리면, 거의, 아무것도 지니지 않았던 가이드 행장이 기억난다.

'만약'의 무게

아들과 지리산 종주를 했다.

성삼재에서 중산리는 35km 정도고 이틀을 산에서 잤다. 2박 3일을 산에서 지내야 하는지라 배낭이 무거웠다. 종주를 마칠 즈음 배낭이 가벼워질 줄 알았는데 그렇지 않았다. 줄어든 것은 햇반, 밑반찬, 초콜릿이었다. 나머지는 그대로였다. 예비 배터리, 여벌 속옷, 우장雨裝은 한 번도 사용하지 않았고 간식도 많이 남아서 그대로 들고 귀가했다. 단 한 번도 사용하지 않은 그 물품들은 만약을 위해 준비한 것들이었다. 만일 비가 온다면, 만일 배터리가 떨어진다면, 만일 음식이 모자란다면 등등 만약을 위해 준비했던 것이었다.

만약은 눈에 보이지 않지만 사람을 짓누르는 유령 같은 것이기도 하다. 한 번도 사용하지 않았지만 만약은 무거웠다. 만약은 보험 같은 것이었다. 집에 들어와 배낭을 풀면서 만약이 가지고 있는 무게를 알게 되었다. 만약이 많으면 삶이 무거워진다.

무게와의 싸움

산티아고 순례길, 혹은 카미노라고 불리는 유럽 이베리아반도의 성지 순례길을 걸을 때, 배낭을 자기 몸무게의 1/10 이하로 맞추라고 한다. 그러지 않으면 800km 정도 되는 순례길이 무척 힘들어진다. '삶의 무게' 같은 말이 생각난다.

알베르게라 불리는 숙소에 많은 책이 있는데, 순례자들이 두고 간 것이다. 무거워서 버린 것이다. 나는 여벌옷을 버렸다. 물병도 버렸다. 포도주 오프너도 버렸다. 너무 무거웠다. 미친 듯이 버리고 싶다. 짐이 무거우면 걷기 힘들고, 쉬 지치고, 발에 물집도 생기기 쉽다.

자전거를 타다 보면 자기 자전거가 무겁다고 생각하는 때가 열병처럼 온다.

자전거가 무거우면 주행이 힘들다. 당연한 이야기다. 자전거가 무거우면 무거울수록 – 짧은 거리는 별문제 없지만 – 장거리를 갈 때, 언덕을 오를 때 힘들어진다. 그때 자전거 무게를 줄이고 싶다는 생각을 하게 되고 이를 위해 노력한다. 이런 노력을 '경량화'라고 한다. 그래서 가벼운 소재의 자전거를 찾게 된다. 자전거 무게를 줄이는 쉬운 방법은 비싼 자전거를 사는 것이다. 고급자전거는 가볍다. 자전거 소재는 철 – 알루미늄 – 카본 순으로 가볍다.

뒤로 갈수록 점점 가벼워진다.

철 자전거	알루미늄 자전거	카본자전거
15kg 정도	13kg 내외	10kg 이하
20만 원 내외	50만 원 내외	100만 원 이상

꼭 이런 것은 아니지만 대충 이렇게 된다. 가벼울수록 비싸다.

자전거 마니아들은 자전거 무게 1g 줄이는데 만 원이 든다는 말을 한다. 이 말은 허무맹랑하지 않다. 상급 자전거로 가면 과장이 아니다. 자전거 페달은 (좌우 한 쌍 합쳐) 400g 정도 나가고 가격은 만 원 정도 한다. 대부분 사람들이 쓰는 페달이다. 상급 페달은 220g 정도 나가는데 가격은 30만 원 선이다. 카본과 티타늄, 알루미늄을 섞어 만든 최상급 페달은 90만 원 정도 한다. 190g이다. 30g 줄이는데 60만 원이 든 것이다.

미친 것 같다.

사과 하나 무게는 300g 정도고 A4 용지 무게가 5g 정도다. 도대체 무게 조금 줄여서 (1kg도 아니고 100g도 아니고) 겨우 몇십 그램 줄여서 속도가 얼마나 빨라진단 말인가. 수영선수들이 제모하는 것과 비슷하다고 할 수 있을까. 혹은 경마 기수와 비슷할까. 경마 기수는 신장 168cm 이하, 체중 49kg 이하에서 선출한다. 체격이 이보다 크면 말이 부담스럽기 때문이다. 경마는 무게와 전쟁이다. 자전거도 그러하다.

자전거에 돈을 들이지 않고 가볍게 가는 방법은 자신의 몸무게를 줄이는 것이다. 몸의 지방을 근육으로 대체하면 된다. 고통스럽지만 돈은 들지 않는다. 하지만 사람들은 이 방법을 두고 돈을 들여 자전거 무게를 줄인다. 삶도, 여행도, 자전거도 가벼운 것이 미덕이다.

천리불소서千里不捎書라는 말이 있다. '천리 길에는 편지도 가져다주지 못한다'라는 의미이다. 작고 가벼운 물건(편지)이지만 길이 멀면 무겁게 생각된다는 의미이며 여기서 파생되어 '천리 길에는 눈썹도 짐이 된다'는 뜻이 되었다. 길을 떠나려거든 눈썹도 빼놓고 가라.

길을 아는 사람은 지도를 보지 않는다

지리산 자락에 살던 K를 찾아 서울에서 출발하는 오토바이 여행을 했다. 단독 여행이었고 첫 장거리 여행이었다. 그때는 스마트폰도 없고 내비게이션도 보편화 되어 있지 않을 때여서 크고 무거운 도로지도 책과 주소만 들고 나선 길이었다. 남원 산동면 무슨 리였는데 목적지를

여행,
나의 구루

찾지 못해 오토바이를 길가에 세우고 길을 묻고 또 물었다. 지도를 보고 또 보았다.

길을 물으면 사람들은 쉽게 길을 가르쳐 주었다. 이방인인 나만 지도를 보고 있었다. 그렇다, 길을 아는 사람은 지도가 필요하지 않다. 여행 후 일기장에 썼다. '길을 아는 사람은 지도가 필요하지 않다'라고.

그 후 자전거로 강원도 삼척에서 간성까지 자전거 여행을 했다. 총 길이 250km. 목적지까지 가면서 단 한 번도 길을 묻지 않았다. 스마트폰이 있었기 때문이다. 스마트폰? 소통을 위한 도구 아니었던가? 그 기계 덕분에 지역주민과 이야기를 나누는 시간은 전무했다.

스마트폰 덕택에 사람들과 소통하지 않았다.

내게로 떠나는 여행

영성수련하는 곳을 가면 기본 과정은 '경청'이다. 대체로 그러하다. 들을 줄 모르는 사람이 많아서 듣는 것을 배워야 한다. 연습해야 한다.

게슈탈트 심리치료를 배울 때 인도자에게 많이 들었던 것은 "사람들은 자기 듣고 싶은대로 듣는다"라는 말이었다. 사실이다. 나는 그 사실을 돈 주고 배웠다. 영성으로 들어가는 입구에 들음이 있다.

진리에 이르는 길에 위파사나라는 것이 있다는 이야기를 들었다. 위파사나? 그게 뭐지? 일단 해봐야 해. 수련을 시작했다. 위파사나는 '깊게 본다' 혹은 '바로 본다'는 뜻이다. 내 마스터는 위파사나가 부처가 깨달은 방법이라고 여러 번 말했다. 한때 불교의 깨달음 방법에 대해 간화선과 위파사나 논쟁이 있었는데 위파사나쪽 논객이었다. 나는 위파사나 수련이 힘들었는데 그 이유는 ① 언어가 불교용어였다. 평생 기독교로 살아온 내게 알아듣기 어려운 말이 많았다. 외눈박이 인생이었다. 수련자들 대부분 불자였으며, 나는 이방인이었다. 한국 제2의 종교, 불교에 대해 이렇게 모르고 살았나 싶었다. 이를 계기로 불교 공부를 하게 되었다. ② 수련자들이 다들 수련의 기본이 있는 사람들이었다. 그들은 단전을 잡을 줄 알았다. 나는 몰랐다.

그때까지 간화선과 상담을 중심으로 마음공부를 한 내게 위파사나는 낯선 수련방법이었다. 읽었던 영성과 도道에 대한 책은 도움이 되지 않았다. 책은 책, 수행은 수행. 수행을 독서를 통해서 하기 어렵다. 수행을 독서로 하겠다는 것은 책을 읽어 수영이나 자전거를 타는 법을 배우겠다는 것처럼 허황한 생각이다. 1,000권을 읽어도, 10년을 읽어도 소용이 없으리.

마스터가 한 이야기 중 기억에 남는 것은 "의도를 가지고 합니다", "몸의 지수화풍을 느끼세요" 이 두 마디였다. 그 외 여러 가르침이 있었으나 이 두 말은 기억에 남는다. 나는 다른 사람에게 위파사나를 배운 적이 없기 때문에 당시 마스터의 가르침만 기억하고 있는데 그 두 마디는 중요한 말이다.

위파사나는 지금 내 몸과 마음에 일어나는 현상을 관찰하는 것이다. 지금 관찰을 위해 몇 가지 기법을 쓴다. 그중에서 윗몸일으키기나 걷기도 있다. 글로 그 과정을 설명할 수 없다. 자전거 타는 법을 설명할 수 없다. 타 봐야 한다. 수영하는 법을 책으로 배울 수 없다. Just do it. 그렇다. 그냥 하는 거다.

위파사나는 내가 배울 때만 해도 낯선 영역이었는데 유발 하라리가 수련하는 게 알려지면서 조금 익숙한 단어가 된 듯하다. 위파사나 수련을 통해 내가 안 것은 명상도 배워야 한다는 것이었다. 눈 감고 가부좌하고 앉아 있으면 명상인가? 모르겠다. 나는 졸리기만 했다. 그렇게 하면 깊은 명상에 들어가는가? 글쎄, 나는 지루했다. 그래서 배워야 하는 것이다. 이전에 내가 했던 명상은 주먹구구였다. 그러니 졸리고 지루할 수밖에 없었다.

위파사나를 하면서 배운 또 한 가지는 (위피사나가 명상이라면) 명상의 적은 망상이라는 것이다. 마스터는 망상이 떠오르면 "망상!"이라고 외치라 했지만 나는 차마 그 말을 못했다. 부끄러워서. 너무 많은 망상이 떠올랐기 때문이다.

위파사나를 하며 감동하거나 특별한 체험을 하지는 않았다. 그러나 이제 이전처럼 주먹구구로 명상하지 않는다. 여전히 망상에 시달리지만.

눈 감고 있는 것이 명상이 아니다. 배우라. 자신을 살피는 데 도움이 되리니. 내게로 떠나는 여행에서 준비물은 바로 보는 것이다.

소 열 마리를 찾아서

한국 철학책을 읽다가 목우자십도牧牛子十圖라는 그림을 알게 되었다. 어렴풋이 이 이야기를 들은 적이 있다. 소 열 마리가 나오는 그림(사실은 열 개 그림)이라는 것이다. 목동이 소를 잡아 오는 내용인데, 소는 마음을 나타낸다고 했다. 이 그림에 단계가 있어서, 목동이 소를 찾다 발견하고, 잡아끌고 오는 과정을 그렸다는데, 대단히 중요한 선불교 그림이라는 말을 들었다. 어떤 그림일까? 그 그림을 사러 조계사 앞 불교용품점을 갔다.

처음에 그림 이름을 몰라 가게 주인에게 목우자십도를 달라 했더니 가게 주인은 그 그림은 '십우도'라고 했고, 다른 상점에서는 '마음잡는 그림'이라고 했다. 나중에야 그 그림만 따로 파는 것이 아니며 책 속에 있던가 사찰 벽화로 있다는 것을 알게 되었다. 사찰 달력에도 가끔 등장한다고 했다. 심우도尋牛圖라고도 불린다는 것도 알았다. 우리에게 익숙한 '소 타고 피리 부는 목동'이 십우도 여섯 번째 그림이라는 것도 알았다. (피리 부는 목동이 십우도에서 나왔는지, 십우도가 피리 부는 목동을 채용했는지 어떤 것이 먼저인지는 모른다.) 십우도는 선불교에서 견성에 이르는 과정을 열 단계로 묘사한 그림이다.

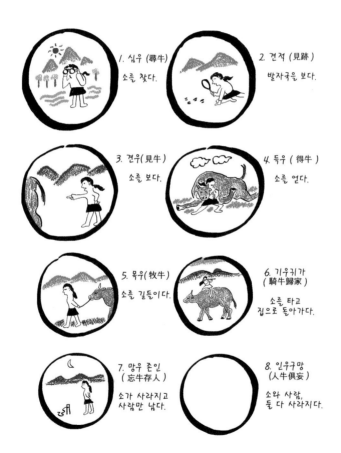

1. 심우 (尋牛)
소를 찾다.

2. 견적 (見跡)
발자국을 보다.

3. 견우(見牛)
소를 보다.

4. 득우 (得牛)
소를 얻다.

5. 목우(牧牛)
소를 길들이다.

6. 기우귀가
(騎牛歸家)
소를 타고
집으로 돌아가다.

7. 망우 존인
(忘牛存人)
소가 사라지고
사람만 남다.

8. 인우구망
(人牛俱妄)
소와 사람,
둘 다 사라지다.

아래와 같은 그림은 십우도로 치면 기우귀가^{騎牛歸家} 정도 될 것이다.

이 그림을 공부한 이후 사찰 벽의 십우도를 이해하고 감상할 수 있어 좋았다. 인간 구도 과정과 깨달음, 지행합일을 이렇게 훌륭하게 묘사한 그림은 흔치 않다. 내 마음을 찾아가는 여정이다.

순풍에 돛을 단

자전거 여행의 3대 공포는 언덕, 펑크 그리고 바람이다.

언덕, 펑크, 바람.

당신이 자전거를 타고 여행을 한다. 산술적으로 오르막을 만날 가능성은 1/3, 내리막을 만날 가능성은 1/3, 평지일 가능성이 1/3이라고 하자. 당신은 유독 오르막을 기억할 것이다. 고통스러운 오르막을. 오르막이 있으면 내리막이 있다는 것을 상식적으로 알지만, 당신의 머리는 오르막을 주로 기억할 것이다. 이것은 당신이 선택한 기억이다.

당신이 자전거를 타고 여행을 한다. 당신의 자전거가 펑크 날 가능성은 1% 미만이다. 산술적으로 안 날 가능성이 훨씬 높다. 하지만 펑크가 난다면 펑크 없이 잘 갔던 기억은 사라지고 펑크 나서 고생한 생각만 할 것이다. 이것은 당신이 선택한 기억이다.

당신이 자전거를 타고 여행을 한다. 산술적으로 역풍을 만날 가능성 1/3, 순풍을 만날 가능성 1/3, 무풍일 가능성을 1/3이라고 하자. 당신은 유독 역풍만 인식할 것이다.

왓 더 헬 뭔 바람이 이렇게 불어.

고통스러운 역풍을 기억한다. 행복했던 순풍은 기억하지 않는다. 이것은 당신이 선택한 기억이다. 이 모든 것은 당신이 스스로 선택하여 고른 기억이다. 몸은 오르막을 주로 기억할 것이다. 사람들이 자전거 탈 때 역풍을 두려워하고 힘들어하지만 순풍이 불 때는 모른다. 순풍이 불고 있는지 인식하지 못한다. 내 감각 밖에 있다.

그리고 역풍을 기억한다. 이것은 당신이 선택한 기억이다. 어느 자전거 여행길에서 유난히 기분이 상쾌하다면, 뭔가 편안하다면, 길가에 있는 풀이 기운 방향을 보라. 풀들이 모두 자전거 앞쪽으로 누웠을 것이다.

부정적인 것을 선택하는 습관이 되어 있는 사람, 훈련되지 않은 눈은 이것을 보지 못할 것이다.

사람들은 고통스러웠을 때는 잘 기억하고 행복했을 때는 잘 기억하지 (못하는 것이 아니라) 않는다.

고통을 준 사람이 누구인지 잘 기억하지만 행복을 준 사람은 잘 기억하지 (못하는 것이 아니라) 않는다.

마치 호황을 기억하지 않고 불황만 기억하는 것과 비슷하다.

이것은 당신이 선택한 기억이다.

유독 자전거가 잘 나가는 날, 길 옆 나뭇가지와 풀이 당신의 앞을 향해 누웠다면 이 순항이 당신의 힘뿐 아니라 바람의 도움임을 또한 알 수 있을 것이다.

여행,
나의 구루

한양은 네 개 산으로 둘러싸여 있다. 이 네 개의 산을 연결한 것이 한양도성이다. 19km 정도 된다. 한양도성길을 여러 번 돌았다. 수차례 순례했다. 교인들과도 했고 가족과도 했고 이 길이 좋아 홀로 하기도 했다. 이 길을 돌다 보면 한양이 네 개 산으로 둘러싸인 도성이라는 것을 알게 된다. 한양의 동서남북에는 낙산, 인왕산, 남산, 북악산이 있다. 네 산이 경계이다.

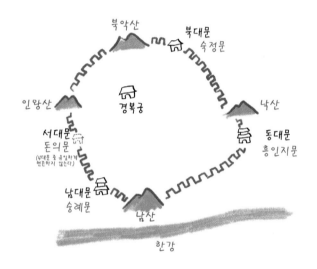

도성 남쪽에는 강이 흐른다.

경계는 땅에만 있는 것이 아니다.

수도인이 경계를 피하여 조용한 곳에만 마음을 길들이려 하는 것은

마치 물고기를 잡으려는 사람이 물을 피함과 같나니 무슨 효과를 얻
으리오.

그러므로 참다운 도를 닦으려면 오직 천만 경계 가운데에 마음을 길
들여야 마음이 흔들리지 않는 큰 힘을 얻으리라.

- 소태산 대종사

원불교는 "심지心地가 원래 요란함이 없지만 경계를 따라 생긴다. 심
지는 원래 어리석음이 없지만 경계를 따라 생긴다. 심지는 원래 그름
wrong이 없지만 경계를 따라 생긴다"라고 가르친다. 심지란 문자 그대로
마음 땅이다. 마음이 본디부터 가지고 있는 바탕이다. 경계란 내 마음
이 만나는 모든 일, 사실, 사건이다. 마음이 일으키는 분노, 탐욕, 미움
은 본래 없는 것이지만 경계를 따라 일어났다가 사라진다. 원불교는 원
불교 창시자 대종사의 가르침대로 짜증, 분노 같은 부정적 감정이 생기
는 것은 마음의 경계 때문이라고 본다. 경계란 생활 속에서 나를 괴롭
히는, 불편하게 만드는 상황이다. 그때 짜증나고 불편하게 만드는 경계
를 발견하고 자기의 마음을 바라본다.

"앗, 경계다!"

상대방이 게으르고, 위선적이고, 냉정하고, 욕심이 많고, 인색하다고
생각하는 것은 다 내 마음이 만들어 낸 경계 때문이다. 대종사 가르침
에 의하면 마음에는 원래 요란함, 어리석음, 그름이 없다.

"앗, 경계다!"라는 말은 자기 마음을 바라보았을 때 내가 내는 죽비소
리 같은 것이다.

목포에 살 때 목포대학교에 자주 갔다. 목포대학교 동아리 기독학생회 간사를 했다. 그때는 매주 목포와 목포대학교 사이의 고개를 넘었다. 목포에 살 때 서울이나 광주에 가면서도 목포대학교 앞을 많이 지나다녔다. 이름은 목포대학교이지만 목포대학교는 목포에 있지 않고 무안에 있다. 목포와 목포대학교 사이에 고개가 있다는 것은 알았지만 별 의미는 없었다. 그때는 자가용이 있었기 때문에 차로 다녔다. 그 고개가 각인된 것은 서울-목포 자전거 여행 때였다. 고개가 가팔랐다. 청계고개.

남도 자전거 여행을 한 번 더 했으므로 이 고개를 두 번 넘었다.

지방자치단체 경계선이 있는 부분은 대부분 강을 건너거나 산을 넘게 되어 있다. 차를 타고 다닌다면 알 수 없다. 눈치채기 힘들다. 고속도로를 이용하면서 산을 '넘는' 일은 드물다. 흔치 않다. 산을 뚫어 터널을 만드는 경우가 많다. 지리의 경계에는 산과 강이 있다.

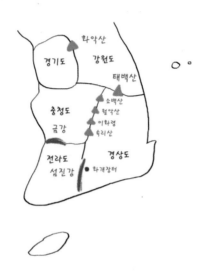

경기도와 강원도 사이에는 화악산이 있다.

강원도와 경상도 사이에는 태백산이 있다.

충청도와 경상도 사이에는 속리산, 월악산, 소백산, 이화령이 있다.

충청도와 전라도 사이에는 금강이 있다.

경상도와 전라도 사이에는 섬진강이 있다. 화개장터가 여기 있다.

여행,
나의 구루

자전거를 타고 여행하면 전에 안 보던 것을 보게 된다. 그것은 언덕이다. 물이다. 강산이다. 서울에서 강릉을 자전거로 가면서 경기도 양평과 강원도 횡성의 경계, 도덕고개를 넘었고, 우천면과 둔내면 사이 황재를 넘고 해발 980m 태기산을 넘었다. 횡성과 강릉 사이 830m의 대관령을 넘었다. 자전거 여행을 하며 넘고 건넜다. '아름다운 강산'이라는 노래가 있다. 아름다운 강산이라고? 보기에는 그럴지 몰라도 자전거를 타고 넘는 내게는 다 힘든 곳이었다. 그러나 내 몸은 이제 경계를 기억한다. 경계를 안다. 여행을 하다 보면 '여기서부터는 ○○ 입니다'라고 쓰여 있는 표지판이 있다. '여기서부터는 ○○ 입니다'라고 쓰여 있는 표지판이 있다면 그곳은 강이거나 재(峙)이거나 영(嶺)이다.

자전거를 타며 이전에 보지 못하던 것을 보았다. 경계를 보았다. 자동차 여행자도 경계를 볼 수 있다. 자동차 여행자는 눈으로 본다. 자전거 여행자는 몸으로 본다. 이것이 체득이다. 평생 자동차만 타고 여행했으면 놓쳤을 것이다. 몸으로 겪지 못했겠지.

생각을 멈추라.
속도를 줄이라.
이전에 보지 못했던 경계를 보리니,
생각을 멈추면 마음 경계를 볼 것이요,
속도를 줄이면 산천 경계를 볼 것이다.

누구나 다 그럴싸한 계획이 있다

1,000만 원 가지고 할 수 있는 일이 무엇이 있을까?

경차를 살 수 있다.(수동, 무옵션)

집을 리모델링할 수 있다.

대만제 중 가장 큰 고급 스쿠터를 살 수 있다.

둘이서 해외여행을 두 달 정도 할 수 있다(유럽+아프리카).

평당 10만 원짜리 땅을 100평 산다(전남, 강원 외곽).

맥도날드 빅맥(4,500원)을 아침, 점심, 저녁으로 먹으면 2년간 먹을 수 있다.

맥도날드 빅맥세트(5,900원)를 삼시세끼 먹는다면 1년 6개월 먹을 수 있다.

집(경북 산골 농가주택)을 살 수 있다.

5성급 호텔에서 한 달 숙박할 수 있다.

5성급 호텔의 전용 풀장, 스팀사우나, 다이닝룸, 응접실, 운동 공간 등이 별도로 마련된 최상급 디럭스 풀빌라에서 1박 할 수 있다.

인도 영화 〈Black〉에 이런 대사가 있다. "Life is like an Icecream. Enjoy it before it melts!"(삶은 아이스크림 같은 거야. 녹기 전에 즐겨!) 그렇다. 녹기 전에 즐겨야 한다. 나 같으면 그 돈으로 여행 간다. 그래서 계획을 짰다. 아내와 함께 프랑스에서 루브르 박물관을 구경하고, 센강을 거닐고, 에펠탑을 보고, 미라보 다리를 건너고, 산티아고 순례길을 걷고, 포르투갈을 걷고, 해리포터의 배경이 된 렐루 서점을 방문하고, 아프리카로 가서 킬리만자로 만년설이 보이는 카페에서 탄자니아 커피를 마시고, 사파리를 하고, 인디아를 방문하여 친구를 만나고, 앙코르와트를 구경하고, 베트남의 리조트에서 수영을 하고 돌아오는 8개국 방문 4개월짜리 여행 계획을 짰다. 멋진 계획이었다.

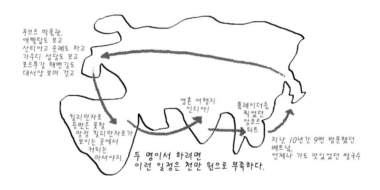

그런데 코로나 사태가 터졌다. 예매한 비행기표를 취소했다. 항공사와 여행사 사정으로 돈도 제대로 돌려받지 못했다. 숙소, TGV 열차표도 취소했다. 산티아고 순례를 하기 위해 스틱을 구입하고 배낭을 빌리고, 아내는 몸을 만들기 위해 서울 둘레길 총 157km를 여러 번 나누어 걸어 완주했다. 서울 둘레길을 마치고 한양에서 해남 땅끝까지 이어지는 옛길을 복원했다는 삼남길도 조금 걸었다. 그런데 코로나가 덮쳤다.

교회를 다녀 본 사람이라면 "사람은 속으로 제 할 일을 계획해도 그것을 하나하나 이루시는 분은 야훼시다"라는 구절을 알고 있다. 사람들은 이 구절을 머리로 알고 있지만 몸으로 겪는 일은 흔치 않다. 성경구절보다 마이크 타이슨이 말한 "누구나 그럴싸한 계획이 있다. 아가리를 처맞기 전까지는"(Everyone has a plan 'till they get punched in the mouth)이라는 말이 더 다가온다.

그리하여 우리 부부의 계획은 일장춘몽이 되었다. 여행을 계획하며 "이번에는 어떤 사람들을 만나게 될까? 어떤 일이 우리 앞에 기다리고 있을까?"라는 기대를 했다. 그러나 계획이 무산되면서 이런 생각을 했다. '유럽 아프리카 아시아 여행 대신 어떤 일이 내 앞에 기다리고 있을까?' 기대된다.

장미다방 가는 길

누군가 내게 "당신은 스승이 있소?"라고 물으면 이현필, 유영모 등을 들곤 했는데, 나는 그분들을 모른다. 죽은 사람들이다. 그렇게 보면 예수도 스승이고, 부처도 스승이고, 마르크스도 스승이다. 그런데 살아 있는 스승, 그런 스승을 만난 적이 있는가. 삶의 스승을.

내가 살아 있는 스승을 만나지 못했던 것은 자존심 때문이다. 스승을 자처하는 자들이 나보다 한 급 아래였다고 생각했기 때문이다. 사실 다 그렇지는 않았을 것이다. 내 생각이 틀렸을 것이다. 준비되지 않은 자에게 스승은 나타나지 않는다. 나는 얼마나 많은 꼬투리를 잡으며, 아마도 내 앞에 여러 번 나타났을 스승을 거부했을까? 이 사람은 이게 부족하고, 저 사람은 저게 문제고, 그 사람은 나랑 안 맞고, 이런 식으로 평계를 대며.

나는 중년이고, 북산 최완택 목사님은 노년일 때에 우리는 만났다. 비 오던 날, 구로 어느 주점에서 만났다. 이야기를 나누던 중 나는 북산이 인도하는 성경공부모임에 가야겠다고 생각했다.

다음날 자전거를 타고 목사님 교회를 찾아갔다. 금방 찾을 수 있을 것이라고 생각했다. 구로디지털단지역 근처라면 내 나와바리 아닌가?

전철역 1번 출구에서 건널목 건너 우측에 있는 병원을 끼고 돌아 50m만 가면 보인다는데 도무지 보이지 않았다. 자전거를 타고 같은 자리를 빙빙 돌았다. 몇 바퀴를 돌았는지 모른다. 구로디지털단지역 근처는 내가 잘 아는 지역이라고 생각했는데 그것이 아니었다. 돌다가 지칠 무렵 교회를 찾았다.

교회는 장미다방 3층이었다. 막상 찾고 나니 너무 쉬운 곳이었다. 간판도 있었다. 도깨비에 홀린 것처럼 그날 나는 그 교회를 왜 찾지 못하고 뱅뱅 돌았을까? 스승을 만나는 길이 이런 것인가 싶다.

처음 만났을 때 북산은 60대였다. 매력은 뭐랄까, 말씀은 거칠게 하는데 사람이 따듯하다는 것. 이 모순된 캐릭터를 어떻게 설명해야 할지. 북산과 5년 정도 성경공부를 했다.

북산은 성경공부 시간에 답을 들고 오는 분위기였지만, 다른 사람이 더 좋은 아이디어, 혹은 신선한 생각을 말하면 받아들였다. 북산의 성경공부 중 독특한 것은 북산이 던지는 질문이었다. "그런데 왜 예수님은 장님을 고쳤을까? 절름발이나 귀머거리가 아니고 말이야?" 이런 식이었다. 참가자가 엉뚱한 의견을 말해도 틀렸다 하지 않았다. "그렇게 볼 수도 있겠네." 이렇게 응대하셨다. "성경해석에 틀린 해석은 없고, 다른 해석만 있는 거야." 북산 말씀이다.

나는 북산과 매주 술을 마셨다. 뒤풀이는 마치 성경공부의 일부 같았다. 내가 자전거나 오토바이를 타고 온 날을 제외하고는 성경공부 모임이 끝나면 술을 마셨다. 가끔 당구도 쳤다. 북산은 가식이 없는 사람이다. 화도 잘 내지만 사과도 잘하신다. 폼을 안 잡는다. 학자 자세를 가지고 있었다. 북산은 평생 산을 타셨다.

나와 북산을 연결한 것은 성경공부와 소주였다. 나는 수리산을 좋아해서 여러 번 갔고 교인들과도 갔다. 교인들과 갔을 때는 '걷는 예배'라는 제목으로 걸었다. 수리산이 너무 좋아 나는 혼자라도 걸었다. 한번은 수리산을 돌다가 아들 신발이 떨어졌다. 걷기가 곤란했다. 마침 기도원이 보였다. 기도원에는 아무도 없었다. 기도원에 있던 슬리퍼를 아들에게 신겼다. 다음에 오면 갚아야겠다는 생각을 했다. 나중에 알고 보니 그 기도원은 북산 어머니가 세우신 기도원이었다. 이것이 북산을 만나기 전 인연이라면 인연일까. 내가 속한 교단에 투사는 여러분 있지만, 삼촌 같은 사람, 형님 같은 사람, 언덕 같은 사람은 드물었다. 북산은 언덕 같은 사람이었다. 나는 북산의 마지막 제자다.

선생님 안녕하신가요? 사랑합니다. 목사님 만나 행복했어요.

어느 날 모임을 마치고 술을 마셨는데, 북산이 "희동아~ 희동아~"라고 꺼이꺼이 울면서 먼저 세상을 떠난 채희동 이름을 부르셨죠. 나는 목사님에게 "채희동은 죽었어요!"라고 쏘아붙였죠. 선생님, 죄송해요. 사랑하는 이를 먼저 보낸 선생님께 위로를 드리지는 못할망정 그렇게 냉정하게 말하다니.

무의식으로 가는 여행

이런 꿈을 꾸었다.

바위틈으로 뱀이 들어가고 있다. 뱀을 죽여야 한다는 생각에 작대기로 뱀을 쳤다. 꼬리 일부가 잘렸다. 끔찍해서 그만두었다.

꿈은 전날 일어난 일이 변형을 거처 잠자는 동안 일어나는 심리 현상이다. 꿈꾸기 전날 지인들과 대화하는 중 K가 말했다. 자기 배우자도 뱀띠, 시모도 뱀띠, 자식도 뱀띠라고. 이야기를 듣고 있는 나도 뱀띠였다. 그날 나는 제주 4.3기행에서 돌아왔다.

해몽을 하자면 이렇다.

제주 4.3기행에서 가장 뇌리에 남았던 것은 '이덕구 산전山田'이다. 이덕구는 인민유격대 총사령관이다. 이덕구 산전은 무장대 사령부인 이덕구 부대가 주둔하던 곳이다. 숲과 언덕을 지나 산전 입구에 담장이 있다.

다 무너졌네

제주 조릿대에
가려진 무너진
돌담

안내자는 담장이 초소로 추정되는 곳이라 했다. 담장을 지나 100여 미터 떨어진 곳에 직사각형 움집터가 있고 부근에는 당시 사람들이 썼던 녹슨 무쇠솥과 깨진 그릇 조각이 뒹굴고 있다. 이덕구는 이곳에서 죽었다. 자살했는지 사살되었는지는 확실하지 않다. 나는 이덕구 산전을 한참을 바라보았다. 제주 4.3항쟁 흔적을 돌아보는 일은 끔찍한 일이다. 그 끔찍한 기억이 뱀을 죽이는 모습으로 꿈에 나타났다. 꿈속 바위는 이덕구 산전 입구 담장(초소)이다. 뱀은 토벌대다. 뱀이 토벌대로 바뀌는 이런 현상을 프로이트는 '변형'이라고 했다. 꿈속 내가 뱀을 가격한 것은 제주 4.3 같은 역사 비극을 막고 평화로운 세상을 이루고 싶다는 내 소망을 나타낸다. 꿈은 거짓말을 하지 않는다. 꿈은 미래를 예언한다기보다는 지금 내가 가지고 있는 욕구, 욕망, 소원을 성취하는 기능을 한다.

그때 다시는 고향에 가지 못하리

트로믈랭섬은 마다가스카르에서 동쪽으로 450km 떨어진, 인도양 속 작고 낮은 섬이다. 프랑스 해외 영토이다. 모리셔스가 이 섬에 대한 주권을 주장하고 있다.

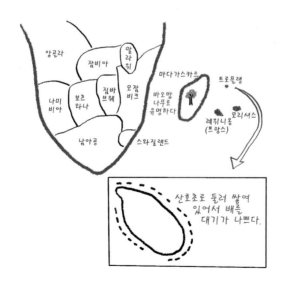

프랑스는 제국주의 시대 유산으로 해외에 13개 영토를 가지고 있으며, 모두 합치면 남한보다 크다.

프랑스 해외영토 인구는 약 280만 명으로, 대구보다 많고 자메이카나 쿠웨이트와 비슷하다. 해외영토 인구는 프랑스 인구 4%에 해당한다.

트로믈랭에는 기상관측소 인원 4명이 상주한다. 사실상 무인도이다. 길이는 1,700m, 폭은 700m 정도이다. 해발 7m의 평평한 섬으로, 해바라기씨처럼 생겼다.

프랑스가 1729년대에 이 섬을 발견했다. 그 탐험가는 이 섬을 '모래섬'이라고 불렀다.

난파 (1761년)

마다가스카르에서 모리셔스로 노예를 싣고 가던 프랑스 배가 이 섬 암초를 들이받았다. 배에는 140명 선원과 160명 남자, 여자, 아이들이 있었다. 노예로 쓰기 위해서였다. 당시 불법이었다.

난파 후 선원들은 13명을 제외하고 섬에 도착할 수 있었지만, 짐칸에 있던 마다가스카르인 160명 중 100명은 수장되었다. 짐칸 문이 잠겼고 못질이 되어 있었기 때문이다. 그 배 이름은 쓸모Useful였다.

여행,
나의 구루

선원들은 캠프를 2개 쳤는데 하나는 그들을 위한 것이었고, 다른 하나는 마다가스카르인들을 위한 것이었다. 그리고 난파선에서 다양한 장비, 음식, 나무를 가져왔다. 식수를 얻기 위해 우물도 팠다.

식료품을 제대로 지급받지 못한 마다가스카르인들은 죽어 가기 시작했다.

난파 두 달 후(1761년)

백인들은 난파선에서 가져온 자재로 두 달 만에 새 배를 건조했다. 그리고 섬을 떠났다. 60명 흑인들을 불모 섬에 남겨둔 채. 돌아와 구해 주겠다는 약속을 하고. 그 배 이름은 섭리Providence였다.

그리고 얼마 후, 흑인 18명이 배를 만들어 떠났다. 흑인들이 마다가스카르에 도착했는지 아닌지는 알 수 없다. 트로믈랭섬을 탈출한 백인 선원들은 트로믈랭섬에 남은 사람들을 구하기 위해 프랑스 식민당국에 구조선을 요청하였으나 7년전쟁 중이던 프랑스는 여력이 없다는 이유로 배를 제공하지 않았다.

난파 1년 후(1762년)

프랑스 선원은 구조를 포기하고 자기 나라로 돌아갔다.

난파 12년 후 (1773년)

트로믈랭섬 가까이 지나던 배가 흑인들을 발견했고, 프랑스 식민 당국자에게 보고했다.

난파 14년 후 (1775년)

프랑스 배가 섬에 다가가 작은 보트를 내려 상륙을 시도하였는데 보트가 암초에 부딪혔다. 보트에 있던 두 선원 중 한 명은 배로 돌아가고, 다른 한 명은 헤엄쳐 가까스로 섬에 도달했으나 기상악화로 배로 돌아가지 못했다. 그 배 이름은 메뚜기^{Sauterelle}였다. 섬에 도착한 선원은 얼마 후 트로믈랭섬에서 깃털로 덮은 뗏목을 만들어 여자 셋, 남자 셋을 태우고 섬을 탈출했다. 그러나 이후 탈출자들과 뗏목을 본 사람은 없다.

난파 15년후(1776년)

마침내 트로믈랭이라는 프랑스 선장이 이 섬에 상륙했다. 트로믈랭이라는 섬 이름은 트로믈랭으로부터 왔다. 그 배의 이름은 돌고래^{Dauphine}였다. 섬에 남아있던 사람은 7명의 여자와 8개월 된 남아를 포함 모두 8명이었다. 생존자들은 땋은 깃털옷을 입고 있었다. 노예들은 보통 머리를 짧게 잘라야 했지만 섬에 남아 있던 사람들은 긴 머리칼을 하고 있었다. 8명 중 셋이 한 가족이었는데 그 가족은 8개월 된 아이와 아이 엄마 그리고 아이의 할머니였다.

아기, 엄마, 할머니

조난자들은 섬 가장 높은 곳에 망루도 만들었는데, 혹시나 그들은 구조할 배를 놓칠까 싶어 15년간 불을 꺼뜨리지 않고 있었다.

작고 쓸쓸한 섬에 남겨진 마다가스카르인들은 산호석으로 집을 만들었다. 섬에는 관목을 제외하면 단 한 그루 나무도 없었다. 난파선 나무는 백인들이 배와 뗏목을 만들 때 다 써버렸기 때문이다. 마다가스카르인들은 난파된 배에서 가져온 구리판을 두드려 접시와 그릇으로 사용했다. 어떤 용기는 8번 변형을 거쳤다. 불을 피우기 위해 부싯돌을 사용했다.

난파 후 흑인 조난자 대부분은 수개월에서 2년 내에 죽었다. 조난자들은 모두 마다가스카르섬 중앙 고지대 출신이라 바닷가에서 경작하는 법을 몰랐다. 조난자들은 15년간 바닷새와 거북, 조개를 먹으며 살았다. 사이클론이 매년 불어오는 환경에서.

모리셔스로 옮겨진 후 프랑스인들은 조난자들을 마다가스카르로 돌려보내겠다고 제안했으나 조난자들은 거절했다. 프랑스 식민 관리는 아이와 엄마, 할머니에게 세례를 주고 아이는 모세, 엄마는 이브, 할머니는 도피네(돌고래. 그들을 구한 배 이름이기도 하다)라는 이름을 갖게 되었다. 모세가 '물에서 건진 아이'라는 의미가 있다 하니, 아이에게 모세라는 세례명을 주었을 것이다. 그 후 기록은 남아 있는 것이 없다. 아마 그 후손들이 지금 모리셔스에 살고 있을 것이다.

제암리

경기도 화성에 제암리 마을이 있다. 일제강점기, 1919년 4월 15일 학살 사건이 일어난 곳이다. 3.1운동 순국 유적지다. 3.1 독립 만세 운동 한 달 후인 1919년 3월 31일, 제암리를 비롯한 인근 주민 천여 명은 발안 장날, 제암리에서 독립만세를 외쳤다. 그 과정에서 일본 경찰의 위협사격과 군중의 투석이 있었다. 일본군은 군중들에게 칼을 휘둘러 3명을 죽이고, 여러 명을 붙잡아 고문했다. 흥분한 시위 군중이 일본인 가옥이나 마을, 학교 등을 방화, 파손하였다. 일본 순사들은 강경 진압 작전을 시작했다. 순사들은 마을들을 습격하여 불태우고 주민들을 검거했다. 이 과정에서 한 일본인 순사가 사망했다. 이에 일본군 11명이 진압에 나섰다. 일본군들은 제암리 주민 가운데 15세 이상 성인 남자들을 제암리 감리교회에 모이게 하고 사격했다. 사격이 끝난 후 짚더미에 석유를 끼얹고 불을 질렀다. 이날 여기서만 23명이 목숨을 잃었다.

현장을 목격하고 이를 해외에 알린 사람은 수의사이자 선교사인 스코필드 박사다. 화성 교회당이 불타고 사람들이 죽었다는 소문을 듣고 상황 파악을 위해 현장을 찾은 선교사들 중 한 명이었다. 애초에 방문한 곳은 일본군에 의한 방화, 학살이 발생한 화성 수촌리였으나, 제암리에서도 학살이 있다는 이야기를 듣고 스코필드는 홀로 제암리를 방문했다.

　스코필드가 방문한 날은 제암리 학살 3일 후였다. 스코필드는 서울 세브란스 병원에서 카메라를 들고 자전거를 기차에 싣고 수원역까지 열차를 타고 왔다. 수원에서 화성 제암리까지는 약 20km이다. 스코필드는 일본 경찰의 삼엄한 눈을 피해 경찰들을 따돌리기 위해 제암리와는 다른 방향인 병점 방향으로 자전거를 타고 달렸다. 일경을 따돌리고, 논두렁과 비탈길을 따라 정남면 문학리, 발안을 거쳐 제암리에 도착했다.

수원역 → 제암리 (20km)

수원역 - 원천 - 정남면 문학리 → 발안 → 제암리 (35km)

첩경 두 배 가까운, 거의 100리 길이었다. 스코필드 박사는 대학 2학년 때 소아마비를 앓아 왼쪽 팔과 오른쪽 다리가 불편해 지팡이를 짚어야 하는 장애인이었다. 그 몸으로 자전거를 타고 간 것이었다.

제암리에 도착한 스코필드박사는 학살 현장을 찍었다. 그 기록을 『꺼지지 않는 불』이라는 책으로 만들었고 이 책은 일제 만행을 세계에 알리는 데 크게 기여하였다. 지금까지 남아 있는 3.1운동 초기 몇 안 되는 사진들은 스코필드박사가 찍은 것이 다수다. 스코필드박사가 34번째 민족대표로 불리는 이유다. 이 일로 스코필드박사는 독립운동에 기여한 공로를 인정받아 1968년 대한민국 건국훈장 독립장을 받았다.

여행,
나의 구루

스코필드가 스스로 지은 한국식 이름은 석호필이다. 석호필은 1920년 강도를 가장한 암살미수 사건을 겪었으며, 3.1운동의 실상을 알린 대가로 일제에 의해 사실상 추방되었다. 석호필은 고국 캐나다에 도착한 이후에도 한국독립운동을 지원했다.

석호필은 해방과 한국전쟁 후인 1960년경, 두 개의 보육원과 한 개의 직업소년학교를 후원하며 전쟁고아를 사비로 돌보았다. 영어 성경반을 운영하면서 여러 학생들에게 장학금을 주어 학업을 도왔는데 그중에는 김근태(전 복지부장관), 정운찬(전 총리), 이삼열(전 숭실대교수) 등이 있다.

1958년 자유당이 대공 사찰 강화와 언론 통제를 내용으로 하는 국가보안법 개정안을 통과시킨 '2-4 보안법 파동'이 있었다. 석호필이 이승만의 독재를 비판하자, 정부는 석호필의 신학기 강의를 중지시키고 석호필이 거처하고 있는 외인숙사를 비우라고 통고하기까지 한다. 석호필은 이렇게 살았다.

1970년 석호필이 세상을 뜬 후, 한국에 묻어 달라는 본인 유언대로 서울 현충원 애국지사묘역에 안장됐다. 석호필은 현충원에 묻힌 몇 안 되는 외국인 중 한 명이다. 석호필는 '네 이웃을 네 몸같이 사랑하라'는 예수의 가르침을 실천한 사람이다.

석호필과 엄복동

일제강점기 자전거 선수로 엄복동이 있다. 석호필과 비슷한 시대를 살았다. 두 사람은 나이도 비슷했다. 석호필이 세 살 많다.

1918년 엄복동은 장충단 공원 자전거 경기에서 우승한다.

1919년 석호필은 불편한 팔다리로 수원에서 제암리까지 자전거를 타고 간다.

1920년 엄복동은 경복궁에서 열린 경성시민 대운동회 자전거 부분에서 우승한다.

엄복동은 영국의 러지사에서 제작한 로드자전거를 타고 달렸고, 석호필은 아마 우리가 쌀집자전거라고 부르는 짐자전거를 타고 갔을 것이다. 당시 사람들은 대부분 그런 자전거를 탔다.

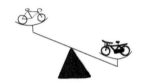

당시 로드사이클은 13kg 정도였지만 일반이 타던 짐자전거는 30kg 정도 나갔을 것이다. 엄복동은 튼튼한 허벅지와 장딴지를 가진 타고난 스프린터였고 석호필은 왼쪽 팔과 오른쪽 다리가 불편해 지팡이를 짚어야 하는 장애인이었다.

여행,
나의 구루

엄복동의 자전거 타기가 승리 질주였다면 석호필의 자전거 타기는 연민 여정이었다. 엄복동은 1등을 하기 위해 달렸고 석호필은 진실을 알리기 위해 페달을 저었다.

엄복동은 자전거 대회에서 10회 이상 우승하였으나 삶의 후반에 60년 인생 절반에 가까운 24년간을 자전거 절도범으로 살았다. 엄복동은 생전 자전거 수십 대를 훔쳐 장물로 팔았다가 실형을 선고받은 전적이 있는 상습 절도범이었다. 당시 자전거는 비쌌다. 지금으로 치면 차량절도범인 셈이다.

석호필은 제암리 학살 사건의 참상을 스코필드 자신의 표현대로 '떨리는 손'으로 촬영, '제암리-수촌리 잔학 행위에 관한 보고서'를 작성, 보도했고 서대문형무소 수감자에 대한 고문 여부를 확인한 뒤 일본이 자행한 비인도 만행 중지를 호소하였다. 이후로도 대한민국의 민주주의에 대한 글을 쓰거나 교육 장려 활동을 하며 지냈다.

엄복동은 민족 영웅으로 살다가 절도범으로 세상을 떠났다.

석호필은 이방인으로 왔다가 독립운동가로 별세했다.

엄복동은 해방까지 유명한 사람이었으나 어떻게 죽었는지 알려진 바가 없다.

석호필은 한국의 독립운동에 기여한 업적을 존중받아 현충원에 안장되었다.

엄복동은 한국 사람이며 석호필은 캐나다인이다.

박애

같은 학교 출신이라서, 친인척이라서, 친한 사이라서, 동기라서, 감싸고돈다. 서로 끌어 주고 밀어 주는 사회다. "우리가 남이가?" 인맥의 시대다. 한편, 타자는 혐오한다. 고향이 다르다고, 피부색이 다르다고, 우리나라보다 못사는 나라에서 왔다고, 아랍에서 온 종교를 믿는다고, 나와 성^性 취향이 다르다고, 멸시한다. 깔본다, 비하한다. 혐오 시대다.

자전차 왕으로, 민족 영웅으로 살았으나 인생 후반기 생활고로 인해 자전거를 훔친 엄복동을 동정한다. 이방인으로 조선에 세균학과 위생학 교수로 왔다가 조선 민중의 고통을 보고 독립운동에 기여한 스코필드를 존경한다.

국가와 민족을 떠나 이방인을 사랑했던 한 외국인을 떠올린다. 가끔 길가에서 오래된 짐자전거를 보면 그 무거운 자전거를 장애 있는 몸으로 타고, 지금보다 도로 사정이 좋지 않았을 시골길 100리를 순사 눈을 피해 달린 꺼지지 않는 불꽃, 석호필을 기억한다. 다시 한번 존경과 감사의 마음을 전한다.

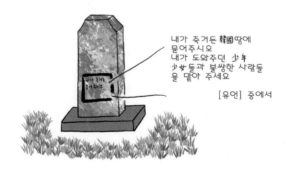

내가 죽거든 韓國땅에
묻어주시오
내가 도와주던 少年
少女들과 불쌍한 사람들
을 맡아 주세요

[유언] 중에서

엠마오 마을로 가는 길

성경에 '엠마오로 가는 길'이라는 에피소드가 있다. 부활한 예수가 예루살렘에서 10km 정도 떨어진 마을 엠마오로 가는 두 사람과 만나 함께 걷고, 두 사람 집에 들어가 빵을 떼어 주고 사라진다는 이야기다. 성화 단골 소재이기도 하다. 보통 남자 셋(예수 + 제자 둘)을 그려 묘사한다. 스위스 화가 로버트 준트 그림이 유명하다.

이렇게 생긴 그림이다.

그러나…
두 사람 중 한 사람 이름은 글로바이다.

(엠마오라는 마을로 가고 있던 두 사람 중 하나) 글로바라는 사람이 (예수에게) 대답하여 "당신도 예루살렘에 머물고 있었는데 당신만이 이 며칠 동안에 거기서 일어난 일을 몰랐단 말입니까?" 하고 그분(예수)에게 말했다.

– 누가복음

다른 한 사람 이름은 왜 등장하지 않았는가? 지중해 연안 전형인 남성 우월주의 관습에 의하면 오로지 남자 이름만 밝히는 것이 관례이다. 그러므로 다른 한 사람은 여성일 것이다. 그 여성은 누구일까?

여기에 등장하는 글로바가 예수 처형 당시 십자가 아래에 있던 그 글로바와 동일인물이라면(예수의 십자가 곁에는 그분의 어머니와 이모, 글로바의 아내 마리아와 막달라 [여자] 마리아가 서 있었다. - 요한복음) 이 여인은 예수 모친 마리아가 아니고 막달라 마리아도 아닌, 글로바의 아내 마리아일 것이다. 그런데 여기서 '글로바의 아내 마리아'는 오역이다. 원본은 '글로바의 마리아'(Mary of Clopas)이다. 그러므로 (제3의) 마리아는 글로바의 아내이거나 딸(둘 중 하나)일 것이다.

예수와 함께 가던 이 두 사람(남녀)은 예수에게 "우리와 함께 묵어가십시오"(누가복음)라고 말했으므로 이 남녀가 가족임을 확증한다. 그래서 다시 그려 보았다.

대화는 주로 예수와 글로바 사이에서 이루어졌을 것이다.

남녀가 유별한 시대였으니 마리아는 가장자리에 섰을 것이다.

엠마오 마을로 가는 두 제자는 남자들이 아니라 남녀로 이루어진 가족이었을 것이다. 여자와 남자가 예수 제자들이었다. 이름이 드러나지 않는 제자 이름은 마리아다. 여자라서 숨겨진 이름으로 등장한다.

Over the Rainbow

우리 집 고양이 '온도'가 무지개다리를 건넜다. 우리와 16년을 살았다. 온도가 우리 집에 한 살 때 왔다고 가정하면 온도는 17년을 살다가 죽은 것이다. 우리 집 아이들 인생으로 보면 온도와 산 날이 온도 없이 산 날보다 길다. 온도는 터키시 앙고라종이다. 터키시 앙고라는 고양이 중 제일 영리하다.

2004년, 보통은 눈이 내리지 않는 서울의 3월임에도 불구하고, 그날은 폭설이 내린 날이었는데, 어린이집에서 전화가 왔다.

"목사님 어린이집에 고양이가 왔어요."

그 말을 듣고 자전거를 타고 어린이집으로 가는데, 자전거 짐받이에는 이미 골판지 박스를 싣고 있었다. 고양이를 데려오기 위해.

얼마 전부터 딸이 고양이를 키우자고 조르던 터였다. 우리 부부는 반대했다. 무엇보다 집이 좁았다. 그러나 부모가 아이를 이기기는 어렵다. 그때부터 온도는 우리와 살게 되었다. 온도는 태어나면서부터 귀머거리였다. 귀머거리 고양이는 스트레스를 덜 받아 오래 산다고 했다.

귀머거리로 태어났고 늙고 병들어 장님으로 죽었다.

개나 고양이의 시간은 인간보다 6~7배쯤 빨리 간다. 나는 반려동물을 키우고자 하는 사람이 있으면 말린다. 새끼 때는 귀엽지만 반려동물역시 늙으면 병들고 죽는다. 사람들이 출근하면 반려동물들은 긴 시간을 홀로 있어야 한다. 내내 주인이 오기를 기다리며. 때로는 하루 종일현관문 앞에서 망부석처럼 기다린다. 반려동물이 죽는 과정을 지켜보는 일은 주인에게 힘든 일이다. 반려동물 역시 인간처럼 똥오줌 못 가리다가, 느릿느릿 움직이다 어느 날 거동하지 못하게 된다. 그러고는음식을 못 먹게 되고 결국은 물도 못 먹게 된다. 그리고 죽는다. 우리 고양이 온도가 그랬다. 나중에는 시력도 잃었다.

1980~90년대에 이름 모를 사람이 쓴 '무지개다리 이야기'가 있다.

반려동물은 죽으면 천국 옆 푸른 초원으로 간다. 그곳에는 신선한물, 부족하지 않은 음식, 밝은 햇빛, 깨끗한 공기가 있고, 반려동물들은 하루 종일 다른 동물들과 뛰논다. 죽을 때의 아프고 병든 모습이아니라 건강한 모습으로.

어느 날 반려동물이 갑자기 놀기를 멈추고 움직이지 않는 날이 있다. 귀를 쫑긋 세우며. 그날은 주인이 천국에 들어온 날이다. 반려동물은 기쁨에 넘쳐 주인을 향해 전속력으로 달려간다. 그들은 다시만난 것이다.

그리고 함께 무지개다리를 건너 다시는 이별이 없는 하늘로 향한다.

사랑하는 내 고양이 우리 온도. 안녕. 네 덕에 행복한 인생이었어. 네가 가고 나니 내가 네게 서운하게 한 일만 생각나네. 미안해.

여행 찬가

인생은 신이 꾸는 꿈
이 꿈속에서 여행할 곳이 두 군데 있지.
한 곳은 내 마음이며
다른 한 곳은 태양계의 세 번째 행성.

내면을 여행할 때 필요한 것은 침묵,
외계를 여행할 때 필요한 것은 발화(發話).

나를 여행할 때 버려야 할 것은 생각,

세상을 여행할 때 버려야 할 것은 두려움.

안을 향한 여행에는 맨발,
밖을 향한 여행에는 튼튼한 신이 필요하지.

오늘은
밖을 향한 여행을 하는 날

나는 길거리에 서서 지도를 보고
"Where is-?"를 외치고 있겠지.

하지만 내가 아는 한 가지가 있지.
모든 여행의 목적은
(오디세우스가 그러했듯이)
Coming home이라는 것을.

여행, 내 삶의 방식

90년대 초, 남들이 제주도로 신혼여행 갈 때에 필리핀으로 배낭 신혼여행 간 이후 여행은 내 삶의 한 방식이 되었다. 딸이 동남아 어딘가를 여행하면서 노인 여행자를 한 명 보았는데 그것이 미래의 내 모습 같다고 했다.

여행,
나의 구루

배낭을 메고 지도를 보며 두리번거리는 노인.

나는 딸의 그 말이 마음에 들었다.

〈가까이사는사람〉 구독을 원하시는 분은
catonbike@naver.com로 우편물 받을 수 있는
주소를 적어 보내주세요.